武村雅之

関東大震災がつくった東京

首都直下地震へどう備えるか

中公選書

目次

第3章　都心を生まれ変わらせた帝都復興事業

第4章　首都にふさわしい街づくりの模索

※特に注記のない写真・図表は、著者の撮影・作成による。

関東大震災がつくった東京

――首都直下地震へどう備えるか

まえがき

うちは焼けても　江戸っ子の
意気は消えない見ておくれ　アラマ　オヤマ
たちまち並んだ　バラックに
夜は寝ながらお月さま眺めて
エーゾエーゾ　帝都復興　エーゾエーゾ　（添田さつき「復興節」より）

私は三〇年間、関東大震災の研究を続けてきた地震学者である。その間、関東大震災に関するさまざまな疑問の解消に挑戦してきた。そもそも、震災を引き起こした地震の正体は。マグニチュード7・9というのは本当か。本震に引き続く余震の発生状況は。揺れ、火災、土砂災害、津波による被害の程度は。人的・物的被害数や経済被害額の大きさは。大量の避難者の動向とその救済は。江戸・東京の他の地震災害は。なぜ東京で最も大きな被害が出たのか。そして、東京市民はこの災害からどのように立ち直り、東京は復興したのか。

冒頭に示したのは、東京で震災直後から流行ったとされる「復興節」の一番の歌詞である。復興節は演歌師の添田唖蟬坊《あぜんぼう》の長男さつきが最初につくったもので、歌詞はこの他にもいろいろある。「江戸っ子の意気」、″今川焼″さへ″復興焼″と改名して（商売をする）」といったたくましさ。それに「騒ぎの最中に生まれた子どもにつけた名前が震太郎」などなど、本当は泣きたいような気持ちを笑いで吹き飛ばす前向きな歌詞に、庶民は勇気づけられた。

一方、父親の唖蟬坊は、「コノサイソング」という「復興節」の替え歌をつくった。震災直後には、後藤新平をはじめ、当時の為政者がなにかにつけて「この際」と前置きして、帝都東京のさまざまな刷新を口にしたことから、それを風刺した歌である。どこか憎めない、また帝都復興に期待する明るさを感じる歌でもある。

この他にも、花柳界では「復興小唄」、学校では「帝都復興の歌」、童謡としては「うれしい復興」、さらに「帝都復興ソング」「帝都復興行進曲」「帝都復興祝歌」などが生まれた。歌作りには、西条八十、小林愛雄、北原白秋、中山晋平、山田耕作など、一流の作詞家、作曲家も名を連ねている。市民からこんなにも支持され、もてはやされた帝都復興事業とは、どのようなものだったのだろうか。

関東大震災から一〇〇年、本書の目的はこれら関東大震災への疑問を、私が今までに積み上げてきた調査研究結果をベースに一つずつ解き明かしていくことである。

まず、震災を引き起こした地震そのものに立ち返り、発掘した当時の地震記録から震源を解き明かすとともに、震災を引き起こすおおもととなった揺れについて、果たして東京各地がどれほど強い揺れに襲われたのかを明らかにする。また、東京は江戸時代から幾度となく地震に襲われてきており、元禄地震と安政江戸地震はそのなかでも大きな被害を江戸に与えたといわれている。関東大震災で東京が未曽有の被害を被った原因を明らかにするため、これらの地震との比較から、江戸・東京の街の変遷と震災との関連について考察をすすめる。関東大震災後の帝都復興事業はその反省にたって行われたものであるが、どのような考えの下で何が行われたか、あらためて徹底的に解明する。それによって、なぜ本書に「関東大震災がつくった東京」との題名をつけたかも理解いただけることと思う。

最後に残る疑問は、帝都復興事業で耐震・耐火だけでなく、景観でも世界に誇れる首都に変身したはずの東京が、一〇〇年後の現在、なぜ首都直下地震に怯えなければならないのかということである。さあ、関東大震災への疑問を解き明かす旅に出発しよう。

なお、本書の内容は、私が長年書きためた論文、著書、調査報告書などをもとにした部分が多い。これらは巻末に主要文献としてまとめ、本文中での引用は新たな文献資料にとどめた。

第1章　国家存亡の機だった関東大震災

（1）わかっていなかった震源と揺れの強さ

埋もれていた地震記録の発見

関東大震災を引き起こした地震を関東地震という。この地震の震源の規模を示すマグニチュードMは昔から7・9といわれ、今でもこの値がよく使われているが、誰に聞いても明確な根拠を答えられる人がいないという不思議な値である。果たしてM＝7・9というのは正しいのだろうか。このような疑問を解く絶好の機会が私に訪れたのは、今からちょうど三〇年前であった。

「あ！　これだ！」。真っ黒な紙に鮮明に、関東大震災を引き起こした揺れが描かれていた。平成四（一九九二）年一二月一五日の夕刻、岐阜地方気象台でのことである。

岐阜測候所（現在の岐阜地方気象台）の観測記録の実物が見つかった瞬間である。その日は朝に東京を出て岐阜地方気象台を訪ね、職員の大沼啓人《ひろひと》氏の案内で、目的の記録を半日かけて探しまわった。結局見つけることができずに、そろそろ諦めて帰ろうとしていた矢先のことであった。気象庁で古い観測記録の整理が始まったばかりの頃で、岐阜地方気象台の観測室では多くの記象紙がダンボール箱に入れられ、雑然と山積みになっていた。関東大震災当時は、煤《すす》を一様に塗った紙を木製のドラムに巻き付け、そのドラムを機械的に回しながら振り子に連動したペンで引っ掻いて揺れを記録するという、いわゆる煤書き記録の時代であった。

同じ箱からはさらに連続して四枚、次々に起こる余震を九月三日の朝九時頃まで観測した記象紙が見つかった。あの時の興奮は今でも鮮やかに蘇ってくる。さっそくコピーの許可をいただこうと記象紙の箱を抱えて台長室へ向かった。その時の藤沢台長の驚きも相当なもので、目を丸くして記象紙をご覧になられ、「こんなすごい記録があったなんてまったく知らなかった。私にもぜひ一枚コピーをください」と興奮気味におっしゃったことを今でもよく憶えている。それまで関東地震の、振り切れていない満足な揺れの記録は国内にはないといわれていたのだから、発見の際の天にも昇るほどの興奮は当然のことであった。最近、三〇年ぶりに岐阜地方気象台を訪ねたところ、私が台長のために取ったコピーも大切に保管されていた。

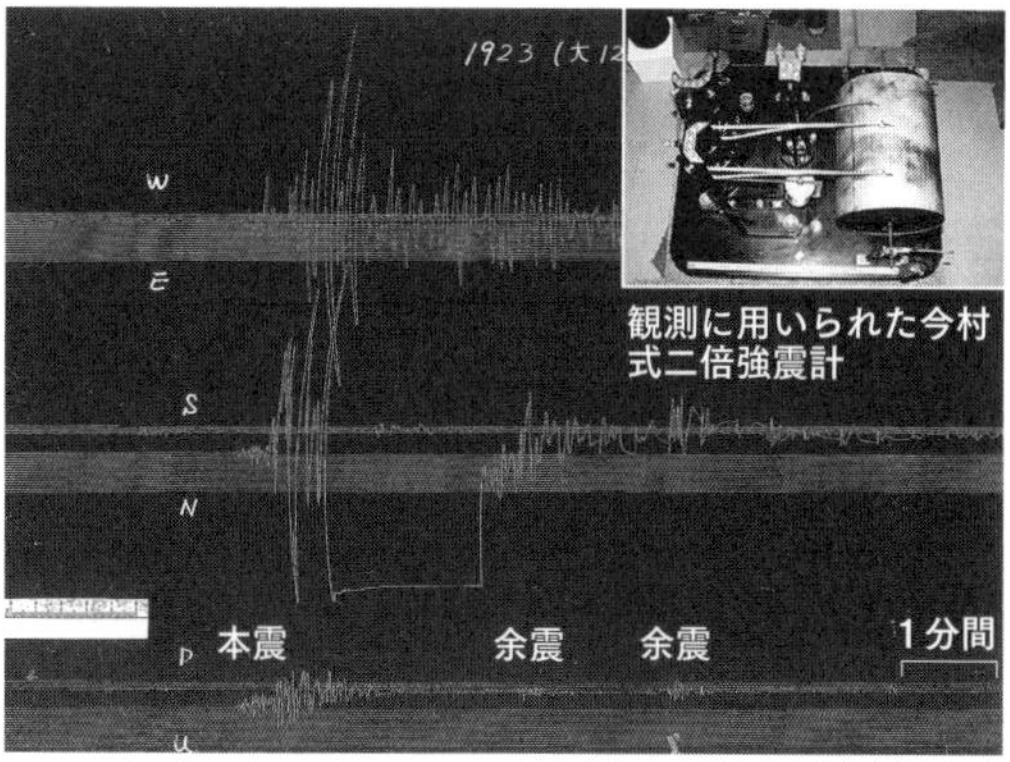

図1－1　関東地震の記象紙（岐阜地方気象台所蔵に加筆）と岐阜県博物館で保管されている今村式二倍強震計

観測に用いられたのは今村式二倍強震計で、これも岐阜県博物館に保管されているとのことだったので、翌日に調査することができた。図1－1はその際の本震の記録と今村式二倍強震計の写真である。図にあるように南北動（SN）成分は振れ幅が大きく、途中で針が引っかかっているが、東西動（EW）成分と上下動（UD）成分は揺れを完全に記録している。特に上下動成分は、九月一日午前一一時五九分頃の本震から約三分後と四分半後にかなり大きな余震があったことをはっきりととらえている。

関東大震災から一〇〇年、その間多くの地震学的・地震工学的研究が行われてきたが、それらは大まかに三つの時期に分けることができる。第一期はいうまでもなく地震発生直後の約一〇年間で、そこでの成果やデータは震災予防調査会報告第百号の甲〜戊をはじめ多くの論文にまとめられている。また、地震被害の特徴をまとめた被害調査報告書や震災誌もこの時期に数多く発刊され、今日でも関東大震災についての研究をする際の貴重なデータベースとなっている。次に研究が盛んに行われた時期は、発生後約五〇年が経った一九七〇年代前半で、この時期が第二期である。この間、地震の正体が地下で動く断層であること、さらにその断層運動の性質を決めるのに地球を取り巻くプレートの運動が大きな関わりをもっていることがわかってきた。関東地震に関しても、相模トラフから日本列島下に潜り込むフィリピン海プレートの動きと関連させて、多くの断層モデルが提唱された。

その後二〇年が過ぎ、発生から七〇年後の一九九〇年代に入ると、今度は震源や揺れの詳細を明らかにする研究が盛んに行われるようになった。それまで関東地震や関東大震災についての詳細はそれほどよくわかっていなかったのである。その始まりがまさに、この岐阜測候所での記象紙の発見であった。

マグニチュードと震度分布を確定

マグニチュードは一般に、地震計で観測された記録の最大振幅値から決めることになっている。岐阜で発見された記録から最大振幅値を読み取れば、気象庁と同じやり方でマグニチュードを決めることができる。さらにその後、各地の気象台や大学を訪ね、山形、高田、徳島、長崎の各気象台や仙台の東北大学にも今村式二倍強震計による振り切れていない記録があることがわかったので、それらの記録も用いてマグニチュードを精度よく決めることができた。結果はM＝8・1±0・2である。それまでいわれてきたM＝7・9も許容範囲内であるというのでほっとした。

それでは、振り切れていない記録が知られていなかった時からいわれてきたM＝7・9はいったいどのようにして決められたのか。そもそもマグニチュードが発案されたのは米国で、関東地震の発生から一〇年余り後のこと、気象庁でマグニチュードMを決める方法が考案されたのは三〇年も経ってからである。その間日本では独自に、震度から決めるマグニチュードMkが考案され、発案者の東大地震研究所教授の河角廣《かわすみひろし》にちなんで河角マグニチュードと呼ばれている。河角マグニチュードMkは、震源からの距離一〇〇キロの地点の震度として定義された。おそらく関東地震の際、東京の中央気象台での震度が6だったことからMk＝6とし、昭和二五（一九五〇）年頃にそれをMとの経験的な関係式に入れてM＝7・85と評価し、四捨五入して7・9としたのではないか、というのが私の推論である。MとMkとの経験式の不確かさや、震源から東京までの距離を一〇〇キロとしたこと、さらには東京の震度も場所によってさまざまであることなどを考えあわせると、M＝

7・9は相当大胆な仮定の下に評価されたものといわざるをえない。

さて、関東地震のマグニチュードについてはこのようにして確定できたのであるが、振り切れていない記録は岐阜や仙台くらい震源から離れないと存在しない。つまり、震源に近い地域の詳しい揺れの分布を知ろうにも、当時の地震計はほとんど役に立たないのである。

そこで木造住家の全潰率と震度の関係に注目して、震度を推定しようとした。全潰率は対象とする市区町村での全潰建物数を全建物数で割り込めばわかるはずであるが、通常全建物数は把握されていない。そこで代替えとして戸数（世帯数）を分母に、一世帯一住家と仮定し、住家全潰数を分子にして評価することが多い。ところが、一九九〇年代頃まで関東大震災に関する被害集計データはデータ間で値の不一致が多く信頼性に乏しいとされ、全潰率を評価する上で大きな障害となっていた。それでも、すべてのデータが正しいと考えて、不一致の原因を一つ一つ明らかにしてゆくと、データによって、都市部では集合住宅における戸数と住家棟数の混在、農村部では納屋や外便所などの非住家の混入、さらには全潰後焼失した住家の取り扱いなど、混乱が生じていることがわかってきた。

これらの問題点をデータごとに一つ一つひもとき、被災地全域で統一した被害データを作成し、市区町村別に住家全潰率を評価して求めたのが図1-2の推定震度分布である。震災から八〇年が過ぎた二〇〇〇年代になって、やっと被災地を含む震源近くでの詳しい揺れの分布を明らかにすることができたのである。

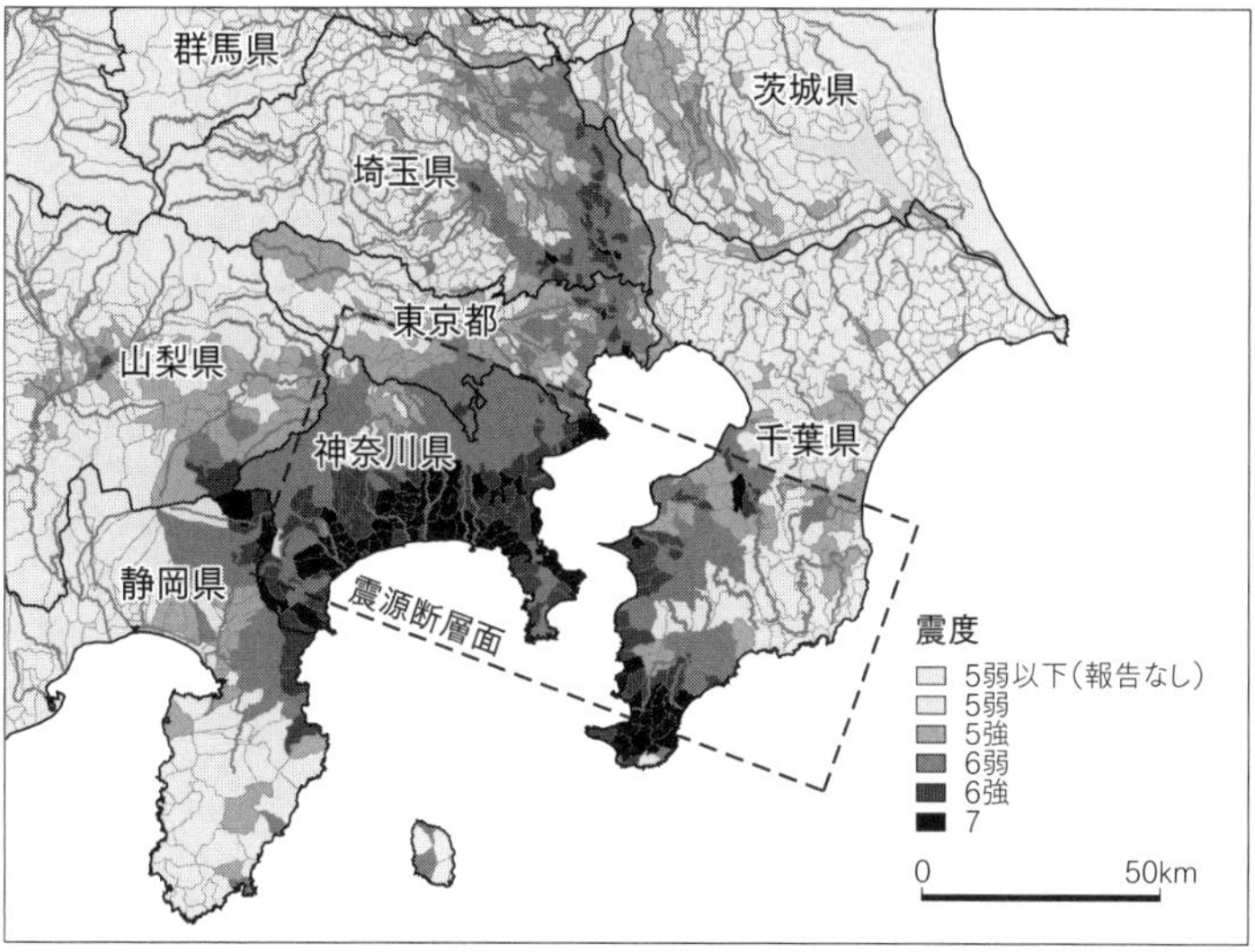

図1-2　関東地震の推定震度分布

図1－2の破線四角は、推定されている関東地震の震源断層面の位置を示している。神奈川県のほぼ全域と千葉県南部は断層の直上にあたり、震度7の地域も広い。相模平野や足柄平野、さらには鴨川低地などでは、住家全潰率が一〇〇％に達する町村も存在する。これに対して、東京は東京湾の奥に位置し、震源断層からは外れている。このため、当時の東京市一五区では最大の本所区でも住家全潰率は二二％で震度6強と評価され、次いで深川区、神田区、浅草区では震度6弱、中心部の日本橋区や京橋区では震度5程度である。海外では関東地震のことを東京地震と呼ぶこともあるが、揺れの中心は決して東京ではなかったことがわかる。

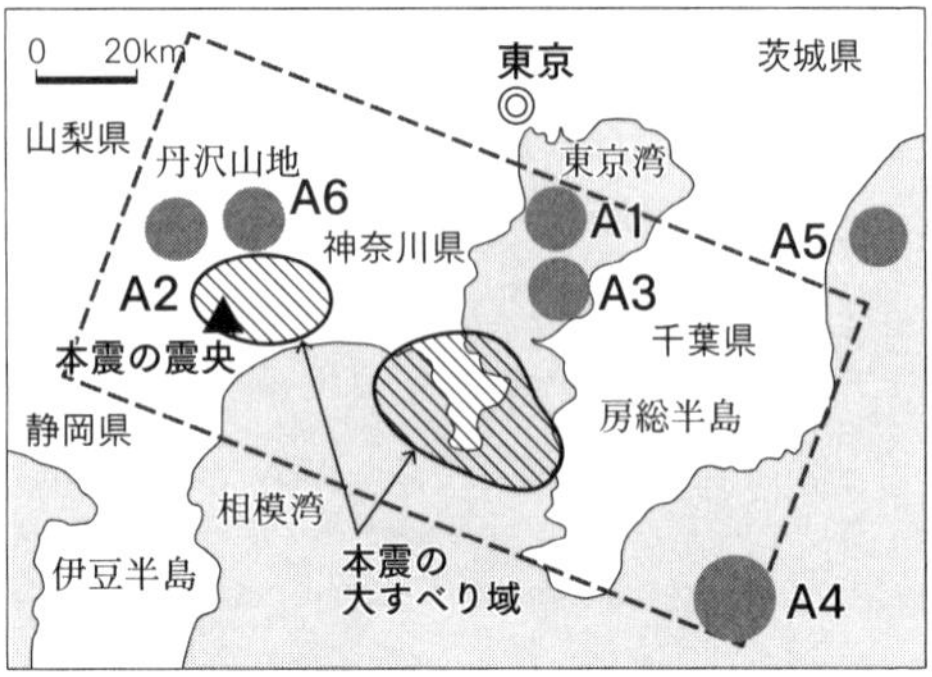

図1-3　関東地震の本震の断層面とM7以上の余震の分布

首都直下地震である余震の頻発

先に紹介した岐阜測候所の記録は、本震だけでなく多くの余震についても完全な記録を残している。これらの記録の分析から震源位置を評価し、本震同様にマグニチュードMを決めると、実に六つの余震がM7以上の規模であることがわかった。図1-3に六つの余震（A1～A6）の震央位置と、本震の断層面、ならびに大すべり域（アスペリティ）と震央位置を示す。同時に余震の発生時刻ならびにマグニチュードMを表1-4にまとめた。各余震による被害は、特に本震発生から時間をおかずに発生したA1からA3の余震については、本震との区別がつき難い。それ以外の余震では、たとえば翌年の一月一五日に丹沢山地で発生したいわゆる丹沢地震は一九名の死者を出し、神奈川県中部を中心に相当な被害が生じていることがわかる。このことから本震との区別がつき難い直後の余震による被害も無視できない程度のものであったと推察される。

なかでもA1とA2の二つの余震は、本震から間を置かずに発生したことから、本震による揺れに加え、それぞれの震源に近い地域に大きな影響を及ぼしたと思われる。二つの余震を完全に判別できる記録は、世界中どこを探しても図1-1に示す岐阜測候所の上下動記録だけである。一方、千葉

余震	発生年月日	時刻	場所	M	被害など
A1	大正12年9月1日	12時01分	東京湾北部	7.2	本震の被害と区別できず
A2	大正12年9月1日	12時03分	山梨県東部	7.3	本震の被害と区別できず
A3	大正12年9月1日	12時48分	東京湾	7.1	本震の被害と区別できず
A4	大正12年9月2日	11時46分	千葉県勝浦沖	7.6	勝浦で瓦落下など小被害、小津波
A5	大正12年9月2日	18時27分	千葉県東方沖	7.1	東金で小被害（1987年当地方の地震と類似）
A6	大正13年1月15日	05時50分	丹沢山地	7.3	神奈川県中部で被害大、死者19名
本震	大正12年9月1日	11時58分	相模湾	8.1	南関東中心に被害甚大

表1-4　余震の発生時刻と発生場所

県の大部分を除く南関東一円、さらには山梨県や静岡県東部でも、本震の際に二回、三回と強く揺れたという体験談が数多く残されている。本震による強い揺れの継続時間は一分以内にしても、引き続く余震によって断続的に相当長く揺れが続いたものと思われる。東京都中央区の聖路加国際病院の当時の婦長の話にも「最初の激震が止むまでの六分間は患者をベッドの下に入れ、地震の合間に建物の外に逃げるように指示した」とある。[1]

そのようななか、東京都二三区や神奈川県東部の横浜、川崎では、A1余震による二度目の揺れが本震（一度目）と同じか、それより強かったという体験談が数多くある。

西本願寺二一代法主大谷光尊の次女で、当時夫の九条良致《よしむね》と築地本願寺境内に居を構えていた九条武子は、書簡のなかで「第二震で、私のすまいの屋根の瓦や壁は大方振り落とされて、五分間ほどの間にあばら屋の様になりました」と述べている。[2]

先に述べたように京橋区全体の震度は5であるが、埋め立て地である築地の震度はA1余震の影響で震度6に達していたことも考えられる。

現在、首都圏では首都直下地震の発生が懸念されている。首都直下地震とは関東地方の南部の神奈川県、東京都、千葉県、埼玉県、茨城県南部で起こるＭ７級の大地震を指す総称である。そのうち、被害想定などが詳しく行われている東京湾北部地震（Ｍ７・３）に、関東地震の本震直後に発生したA1余震は震源位置がかなり近い。A1余震が本震にも勝るとも劣らない影響を東京にもたらしていたとすれば、東京は関東地震の直後に首都直下地震に襲われていたということになる。このことは、仮に首都直下地震が再来した場合、最悪東京は関東大震災と同等の影響を受ける可能性があるということを示唆している。

一般にＭ８級の海溝型地震が発生した際にＭ７級の余震が発生することは珍しくないが、関東地震ほどＭ７級の余震数が多い地震は珍しい。静岡県富士郡大宮町（現在の富士宮市）の河合清方は、地震後の様子を丹念に日記に書き記しており、余震による揺れについても気象庁の震源決定の信頼性をチェックできるほどの正確さである。その河合清方もはじめの三日間はあまりの余震の多さに余震ごとの記載ができなかったようで、九月一日は「五分、一〇分毎に動揺し、震動数十回」、二日は「夜来大小の震動連続し自他の人々手に職を執るものなく」、三日は「前夜来震動十数回。時には飛び出さんかと思わるもの数回あり」と書いている。四日以降は揺れごとに記述があり、初めて揺れを感じなかったのは九月二一日のことであった。

一方、流言に関する記述も多くみられ、大きな余震の揺れがあるたびに大地震の到来を予言する流言が飛び交う様子がよくわかる。一日には「針小棒大の流言を放つもの少なからず」、二日には

「公私の団体物々しく、夜中を戒め、各戸また不眠不休に恟々として非常を警戒す」、三日には「不逞鮮人共産義者来襲して、暴挙をなす旨の風説あり。……流説蜚語大いに衆人を惑わす」。その後も八日のかなり強い余震のあとに再野宿の用意をしていると、「不逞鮮人数十名来襲等の蜚語流説湧出し来り」「富士山噴火せりと予報する説あり」という有様であった。また一一月二三日の余震では「翌二十四日の正午頃大なる地震あるべし」という流言が東京を中心に一府数県に広がったとも書いている。

他の文献でも余震についての記述は頻出し、南足立郡千住町（現在の足立区千住）の震災状況と救援復旧活動をまとめた『大震災千住町写真帖』[3]には「余震間断なく人心恟々たる」、徳冨蘆花が終の棲家とした北多摩郡千歳村字粕谷（現在の世田谷区粕谷一丁目）の暮らしを随筆にまとめた『みみずのたはこと』[4]下にも、「九月一日、二日、三日と三宵に渉り、庭の大椎を黒く染めぬいて、東に東京、南に横浜、真赤に天を焦す猛火の焔《ほのお》は私共の心魂を悸《おのの》かせました。頻繁な余震も頭を狂わせます」と記されている。頻繁に起こる余震がそれでなくとも情報がなく不安な人々の心を動揺させ、時には朝鮮人殺傷等、許されざる愚かな行動を起こさせたことがわかる。[5]

（2）東京市の七五％の人々が被災

阪神・淡路大震災や東日本大震災との比較

近年も大震災とよばれる震災は起こっている。平成七（一九九五）年の阪神・淡路大震災や平成二三年の東日本大震災である。これらの大震災と被害の程度を比べたのが表1－5である。関東大震災の地震規模を示すMは阪神・淡路大震災より大きく、東日本大震災より小さい。一方、死者・行方不明者数や家屋被災の世帯数はいずれも多く、そのうち死者・行方不明者数は東日本大震災の約五倍で、震災当時の日本の人口が今の半分くらいであることを考慮すると、人口比で約一〇倍の被害ということになる。また経済被害（直接被害）についてみると、被害総額は当時のお金で約五五億円（現在の貨幣価値で約三〇兆円）、GDP（またはGNP）比でなんと三六・七％で、阪神・淡路大震災（一・九％）の約二〇倍、東日本大震災（三・四％）の約一〇倍となっていたことがわかる。関東大震災によって、日本はまさに国家存亡の機に遭遇したのである。そのうち当時の東京市一五区（現在の千代田区、中央区、港区、新宿区、文京区、台東区、墨田区、江東区の全部または一部）の被害額は約三七億円で、全体の六七％にのぼった。

ただし隅田川の西側と東側とで状況は相当異なっている。表1－6は東京市一五区での被害数である。一五区を隅田川の西側の江西地域の一三区と、東側の江東地域の二区に分けてみると、江東地域の本所区、深川区の全潰率は一五区中、一、二位を占め、焼失率も共にほぼ一〇〇%で、東京市一五区全体の死者数約六万九〇〇〇人のうち、五万九〇〇〇人が江東地域であることがわかる。特に本所区の陸軍被服廠跡では三万八〇〇〇人の死者を出し、関東大震災で最大の惨事となった。

一方、江西地域は江東地域に比べ総じて全潰率が低く、神田区と浅草区を除くと一〇%以下である。特に中心部の日本橋区や京橋区では、全潰率は一%以下と非常に低かったことがわかる。この両区の焼失率はほぼ一〇〇%であるが、同じく一〇〇%近い江東地域の本所区、深川区に比べて死者数は少なく、死亡率も比較的低い。その理由は火災発生状況の違いによる。

項目		関東	阪神・淡路	東日本
発生年		大正12年	平成7年	平成23年
地震規模M		7.9（8.1）	7.3	9.0
死者・行方不明（人）		約10万5千	約5千5百	約1万8千
家屋被災世帯		約70万	約25万	約30万
経済被害	損害総額	55億円	9兆6千億円	16兆9千億円
	GDP	150億円	510兆円	490兆円
	GDP比	36.7%	1.9%	3.4%
	国家予算	15億円	71兆円	92兆円
	予算比	366.7%	13.5%	18.4%

※関東大震災時はGDP（国内総生産）でなくGNP（国民総生産）
※死者数には関連死は含まれていない

表1-5　関東大震災／阪神·淡路大震災／東日本大震災の比較

火災発生状況と避難者の動き

東京市の火災については、東京帝国大学物理学教授の中村清二が、物理学科と天文学科の学生有志三六名を率いて震災直後に聞き取り調査を行い、火災動態地図としてまとめている。[6] 火災動態地図とは、火災がいつどこで発生し、どのよう

	死者数			死亡率(%)
	圧死	焼死	総数	
	1,489	8,534	10,023	0.6
	76	61	137	0.2
	298	1,221	1,519	1.1
	17	1,172	1,189	1.0
	17	902	919	0.7
	96	398	494	0.3
	54	131	185	0.2
	65	77	142	0.3
	203		203	0.2
	9	94	103	0.2
	34	220	254	0.2
	29	291	320	0.3
	149	742	891	0.5
	442	3,225	3,667	1.5
	1,269	57,368	58,637	13.9
	878	53,620	54,498	21.9
	391	3,748	4,139	2.4
	2,758	65,902	68,660	3.3

に広がったかをまとめた図である。火災は地震直後から始まり、延焼を続けながら九月三日の午前一〇時頃にやっと鎮火した。図1-7は火災動態地図をもとに作成されたもので、東京市の最終的な焼失区域と地震当日（九月一日）の午後五時時点での延焼地域を示している。[7] 焼失区域は東京市の全面積の約半分を占めた。図上の丸印は死者の発生場所を示し、大きいのは一ヵ所で一〇〇人以上を出した場所である。[8]

一日の午後五時時点での延焼地域は、隅田川の東側や北部地域、さらには皇居北側の西神田周辺である。これらの地域では、震度6以上の強い揺れに見舞われ、多くの住家が倒壊した。一〇〇人以上の焼死者を出した場所のほとんどすべてがこのような地域に含まれている。地震によって地盤が悪いところで住家が倒壊し、次々に延焼火災が発生して、混乱のなかで多くの犠牲者を出したことがよくわかる。江西地域でも浅草区北部や神田区西部はこのような条件に当てはまる。神田区と浅草区で死者が比較的多いのはこのためである。一方、日本橋区や京橋区では、全潰した住家が少なかったために地震直後の延焼火災の発生は少なかったが、他地域からの延焼または飛び火によってほぼ全域が焼失した。延焼までにか

旧区	現在区	震度	人口	世帯数	被害世帯数		全潰率（%）	焼失率（%）
					全潰	焼失		
（江西地域）			1,657,042	355,786	17,570	205,400	4.9	57.7
麴町区	千代田区	6弱	56,117	11,275	937	6,484	8.3	57.5
神田区		6弱	143,757	28,503	3,612	27,601	12.7	96.8
日本橋区	中央区	5	123,961	20,981	174	21,616	0.8	100
京橋区		5	137,668	29,271	220	29,290	0.8	100
芝区	港区	6弱	171,854	36,464	1,242	16,769	3.4	46.0
麻布区		6弱	86,083	18,746	721	185	3.8	1.0
赤坂区		6弱	55,258	11,387	819	1,863	7.2	16.4
牛込区	新宿区	6弱	118,642	25,525	515	0	2.0	0.0
四谷区		5	68,197	15,383	127	642	0.8	4.2
小石川区	文京区	5	140,471	31,477	465	1,201	1.5	3.8
本郷区		5	123,055	26,656	383	7,106	1.4	26.7
下谷区	台東区	6弱	180,510	42,147	2,126	33,451	5.0	79.4
浅草区		6弱	251,469	57,971	6,229	59,192	10.7	100
（江東地域）			422,052	96,618	17,780	95,524	18.4	98.9
本所区	墨田区	6強	248,452	56,768	12,282	54,781	21.6	96.5
深川区	江東区	6弱	173,600	39,850	5,498	40,743	13.8	100
東京市15区（全体）			2,079,094	452,404	35,350	300,924	7.8	66.5

※人口ならびに世帯数は大正9年の第1回国勢調査による
※震度は諸井・武村（2002）による

表1-6　東京市15区の被害

なりの時間を要したため、比較的避難が容易で死亡率が低く抑えられたものと思われる。

図1-8は、地震が発生した九月一日から一一月一五日までの東京市民の動きである。地震発生時の東京市の人口は約二二七万人（九月一日の推計）である。そのうち一七〇万人が被災し、六万九〇〇〇人が命を落とした。多くの避難者は、焼失区域周辺の上野公園や皇居前広場や芝公園、さらには臨海部の埋め立て地などに殺到した。中には焼失区域にあって一部が焼けなかった浅草公園や深川岩崎邸（清澄庭園）などで九死に一生を得た人々もいたが、本所被服

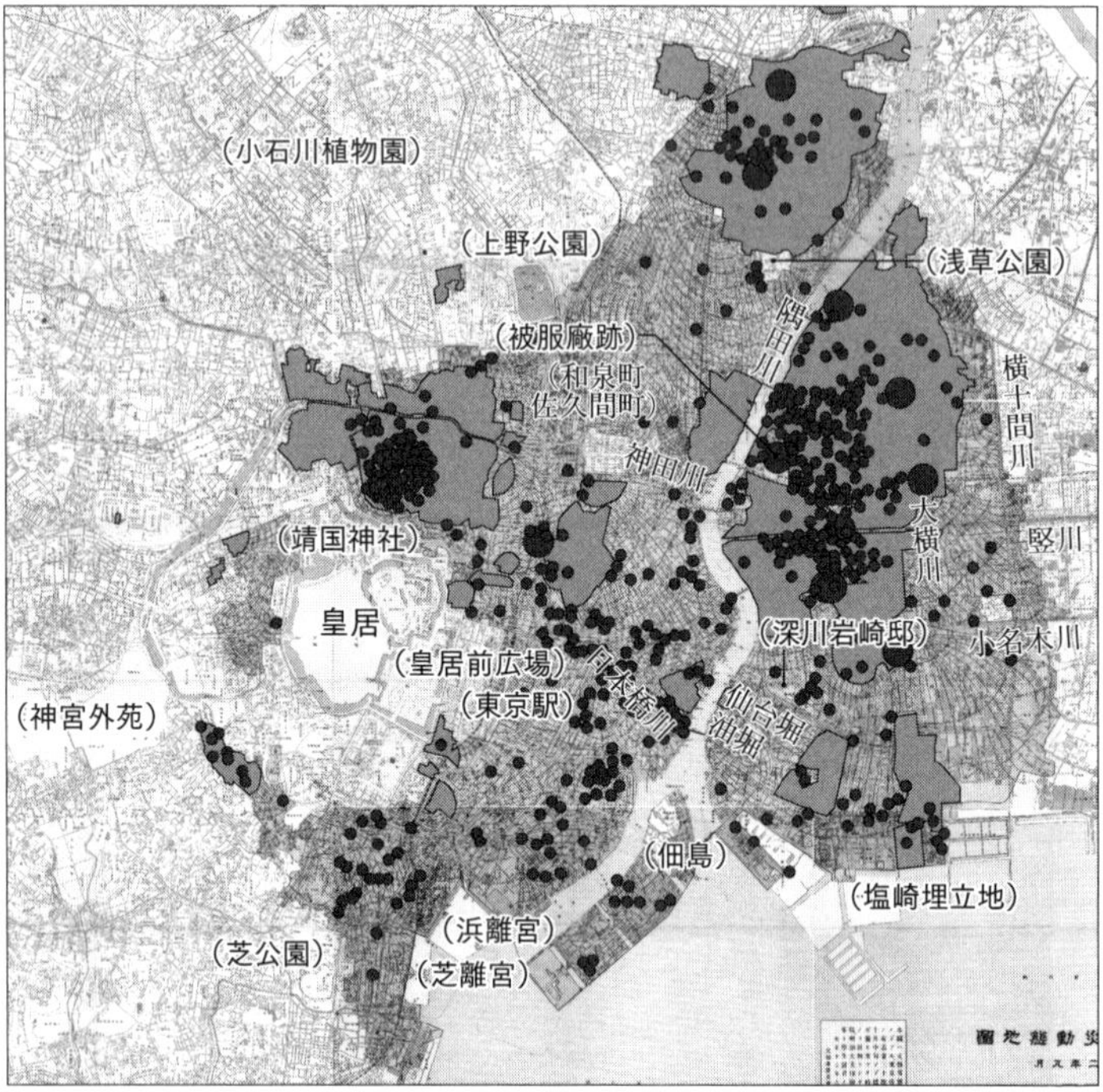

※大きな○は死者100人以上、小さな○は100人以下。灰色の部分は９月１日午後５時時点での延焼地域

図1-7　東京市における火災動態地図と死者数の分布（内閣府中央防災会議・災害教訓の継承に関する専門調査会［2006］『1923 関東大震災報告書（第１編）』口絵15に加筆）

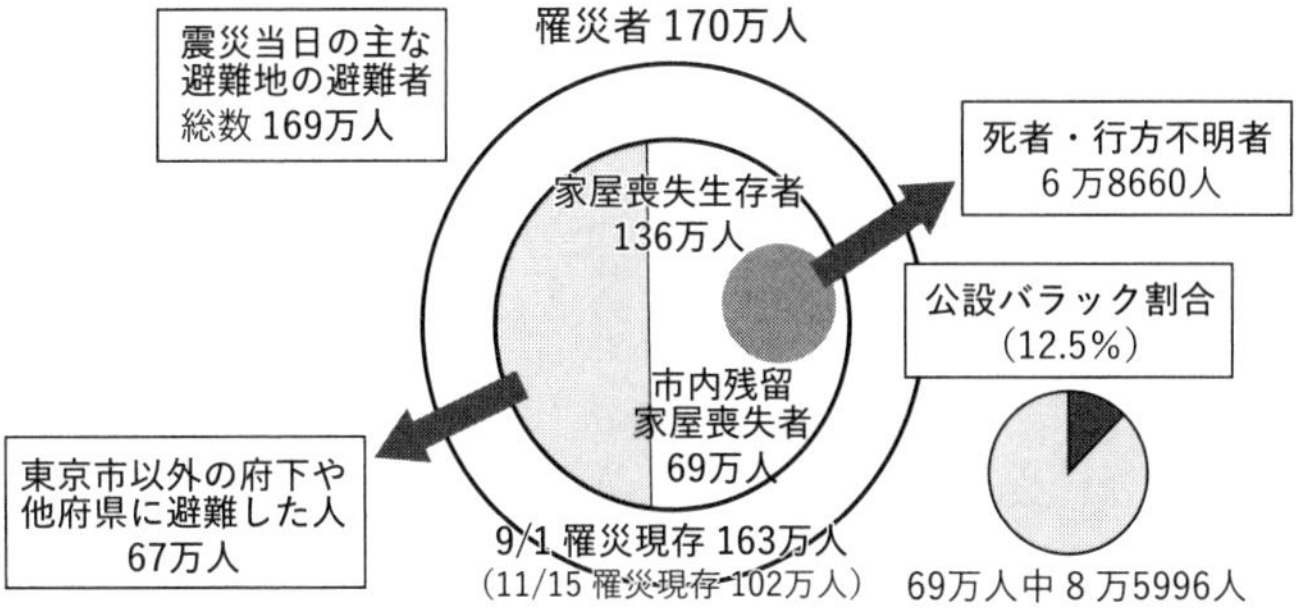

図1-8　9月1日〜11月15日の東京市民の動き

廠跡など、逃げ込んだ人々がほぼ全滅した場所もある。当日の主な避難地の避難者数を足し合わせると一六九万人となる。火災による被災がほとんどであり、当日、罹災者のほぼすべてが避難せざるをえず、かつ罹災者はこれら周辺の空き地に避難するのが精いっぱいであったものと思われる。

生き残った一六三万人のうち家を失った人は一三六万人で、そのうち六七万人が東京市を離れて全国に散らばった。残り六九万人に対し、一一月一五日時点で公設バラック（現在でいう仮設住宅）に収用されたのは八万六〇〇〇人、全体の一二・五％であった。

東京郊外での避難者受け入れ

では残りの人々はどのようにしたのだろうか。自力でバラックを建て雨露をしのぐ人、親戚、知人を頼ってしばらく厄介になる人など、それぞれに苦境をしのいだに違いない。

東京帝国大学の地球物理学者で随筆家としても有名な寺田寅彦は、当時本郷区曙町（現在の文京区本駒込一丁目）に家族とともに暮らしていた。九月一日は二科展の招待日で、上野に展覧会を見に行っていたが、地震で展覧会は閉会となり、自宅へ戻った。自宅の被害は瓦が数枚落ち、壁に亀裂が入ったくらいであった。二日は大学へ行って被害を確認した。その後、町の状況を見て回り帰宅したら、「焼け出された浅草の親戚のものが一三人避難していた。いずれも何一つ持ち出すひまもなく」。「夕方に駒込の通りへ出て見ると、避難者の群れが陸続と滝野川の方へ流れて行く」、近所では延焼を恐れ、荷物をまとめて避難準備をする人もいたが、幸い延焼は免れた。[9]

三日には、長男を板橋に使いに出して、古くからの知人である白井三代吉に、白米、野菜、塩などを送ってもらう手配をする。また近所の食料品屋からは次第に食料がなくなるなかで「何だか悪い事をするような気がするが、二十余人の口を託されているのだからやむを得ない」と、用心のために鰹節、梅干、缶詰、片栗粉などを買い求めた。

多くの避難者が向かった滝野川町には、鹿島組（現在の鹿島建設㈱）の理事長（副社長）の鹿島龍蔵の自宅があった。東京府北豊島郡滝野川町大字田端（現在の北区田端六丁目）である。龍蔵は当時、文士たちが集まるいわゆる田端文士村のパトロン的存在で、そのうちの一人である芥川龍之介にことのほか尊敬された人物だった。震災時の様子を記した「天災日記」によれば、龍蔵も寺田寅彦と同様、九月一日は二科展の会場で地震に遭遇した。また翌日は京橋区木挽町へ向かい、鹿島組本店の焼失を確認した後、夕刻自宅に戻った。「帰って見て驚いたのは家中人になって居た事で、僕の顔を見るなり　挨拶にと頭をそろえてやって来る。無論知った顔が主であるが、又知らぬ人も随分多勢である。家の中から外にかけて二百人位は居た様だ」。龍蔵は日頃からの心がけで家に米二俵の買い置きがあり、上野から帰宅後、副食物や蠟燭や炭の買い入れをしたが、この避難者の数では数日しかもたない。そこで四日に人を出して鹿島家の本家がある埼玉県の所沢へ食料の援助を頼みに行ってもらい、千住出張所などにも米と石油の援助を頼み、さらに支払い停止によって銀行からお金が引き出せなかったために当座の金も借用した。

龍蔵宅にいた大量の避難者は、五日頃を境にして随時退去を始めるが、最後まで世話になった小川甚一郎は地震で家も家族もすべてなくし、龍蔵の家で世話になりつつ家業の工務店の再興を果たし、大正一四（一九二五）年に妻をめとってようやく龍蔵宅を退去した。田端文士村ではこの他、室生犀星《さいせい》宅に宇野浩二が一行二〇人を連れて現れたとか、芥川龍之介宅に身重の小島政二郎夫人がその姉と宿を借りにきたとかいう話もある。[10]

一方、滝野川町の西ヶ原には、華族で古河財閥三代目の虎之助の本邸もあった。邸宅はほとんど被害を蒙らずにすんだ。丸の内の本社で終日応急処置に奔走した虎之助は、翌日ようやく自宅へ帰りついた。自宅前の本郷通りは避難者でごった返していた。これを見て虎之助は、非常口を開かせて全邸内を避難者のために開放した。その数およそ二〇〇〇人、さしもの邸内もたちまち人と荷物で埋まってしまった。さらに本館階下を開放して負傷者たちに診療手当を加えることも決め、知己の専門医によびかけて医療団を編成し、診療を開始した。後に「滝野川救療所」と称し、翌年三月までその活動を続けた。[11]

また、庭園南隅にあった温室をとりこわし、バラック住居八六戸を建てて難民約五〇〇名を収容した。このバラック建造は一〇月初旬までに突貫工事で行われ、収容された人々はその冬をすごした後に逐次引揚げ、翌年六月中旬には全員が撤退を終えた。救療所内の看護やバラック内の託児所での世話、あるいは避難者婦人たちのための手内職指導には不二子夫人も身を粉にして働いた。現在、古河邸は国指定史跡になり、都立旧古河庭園として一般に公開されている。園内には滝野川救療所として活用されたジョサイア・コンドル設計の洋館もある（図1-9）。

図1-9　震災時に「滝野川救療所」として活用された旧古河邸

避難者受け入れは、同じく華族の岩崎邸の五〇〇〇人、浅野邸の四〇〇〇人、前田邸の三〇〇〇人から、一般市民にいたるまで、それぞれの経済的能力に応じて縁故者や偶然出会った人に家屋や寝具や食料を提供する民間人の助け合いが中心であった。政府も自治体も民間人に避難民の引き受けを要請することにし、そのかわりとして受け入れ家族の分も含め避難者数に応じて米を配給した。田端でも九月七日の夜に白米の供給券が配布され、受け取り場所の田端駅に自治会が住民を代表して一括で米を受け取りに行き、供給券に応じて米が各戸に配られた。

府県	9月1日現在人口	死者・行方不明者人口	11月15日		人口増減
			罹災現存	人口	
東京府	4,050,600	70,497	1,495,926	3,634,199	-416,401
東京市	2,265,300	68,660	1,021,956	1,527,277	-738,023
郡部	1,785,300	1,837	473,970	2,106,922	321,622
神奈川県	1,379,000	31,859	1,024,071	1,242,532	-136,468
横浜市	442,600	23,335	254,556	311,402	-131,198
郡部	936,400	8,524	769,515	931,130	-5,270
千葉県	1,347,200	1,420	194,318	1,400,655	53,455
埼玉県	1,353,800	316	125,801	1,391,098	37,298
静岡県	1,626,300	492	90,044	1,646,614	20,314
山梨県	602,000	20	34,144	611,812	9,812
茨城県	1,399,100	15	32,320	1,428,982	29,882
合計	11,758,000	104,619	2,996,624	11,355,892	-402,108

表1-10　9月1日と11月15日の一府六県の人口調査結果

全国に散らばった罹災者

政府は全国に散らばった人々を行政上どのように把握するかという課題に直面した。一つの契機となったのは、天皇陛下による御下賜金一〇〇〇万円（約五〇〇億円）の配布である。全国に散在する罹災者すべてに現金を渡す必要に迫られた政府は、解決策として一一月一五日を期して全国一斉に調査を行った。

その結果、震災地の一府六県では国勢調査なみの人口調査が行われ、震災地以外の道府県については震災罹災者に限る人口調査が行われた。表1－10に一府六県の調査結果を示す。九月一日の推計人口は大正九（一九二〇）年の第一回国勢調査の人口数に人口変動率を掛け合わせて推計したものである。罹災現存数はその府県市で一一月一五日現在に暮らす震災罹災者の数である。人口増減は震災を挟む九月一日から一一月一五日に変動した人口数である。表では、東京府と神奈川県については、東京市と横浜市ならびにそれぞれの郡部を区別して示した。

人口が大幅に減少しているのは東京市である。先に示した図1‐8の東京市以外の府下や他府県に避難した六七万人というのは、表1‐10の一一月一五日時点での人口減少数約七三万八〇〇〇人から死者・行方不明者数の六万九〇〇〇人を差し引いた数である。同様に、神奈川県からは一〇万五〇〇〇人が県外へ避難し、多くは横浜市からであることもわかる。この他に人口が減少しているところはなく、合計で約七七万人が東京市ならびに神奈川県から、東京府の郡部ならびに他府県へ避難したと考えられる。なかでも東京府の郡部は三二万人余りの人口増加で、最大の避難者受け入れ先となったといえる。さきの滝野川町もその一部である。

次に、震災地以外の道府県へ逃れた震災罹災者数をみると、北は北海道の約九四〇〇人から南は沖縄県の一七〇〇人まで、すべての道府県で確認される。最も多いのは大阪府の三万四〇〇〇人、次いで新潟県が三万人、栃木県が二万五〇〇〇人、愛知県が二万三〇〇〇人などである。

では、これら大量の避難者を地方はどのように受け入れたのだろうか。国の最終報告書である『大正震災志』下巻[12]に記載された愛知県の例をみると、県内への避難民は九月四日午後四時に名古屋駅に到着した三〇〇名を皮切りに、海陸よりの避難者が日を追うごとに増え、九月三〇日までに総計で一五万人余りに達した。これに対して地元の青年団、在郷軍人会、婦人会、宗教団体などが救援活動を行い、さらに「寺院や教会や富豪などで進んで宿舎の提供方を申し出る者が頗る多く、中には所謂《いわゆる》貧者の一燈で、一人でも二人でも宿泊せしめたいと申し出るものもあり、県市の救護活動上多大の便宜を得た」とのことである。そのことを表すように、名古屋市千種区の日泰寺《にったいじ》にある関東大震災の供養堂の由来碑にも「当山日暹寺《にっせんじ》では、各講員を動員して毎日名駅頭に派し、流浪せる避難民を収容宿泊せしめ救済に務めたり」と刻まれている（図1－11）。当時、日泰寺は日暹寺と呼ばれていた。また名駅とは名古屋駅のことである。

これら大量の避難者を受け入れるなかで、肉親の死などの話を聞かされた名古屋市民の同情心によって建てられたと思われる慰霊碑も、日泰寺に二基、東区の日蓮宗照遠寺に一基が残されている。同様に、長野市の善光寺、兵庫県加古川市の浄土宗安楽寺、同西宮市の真言宗神呪寺《かんのうじ》など、各地に関東大震災の慰霊碑がある。状況は地域ごとに多少異なるにしろ、愛知県の例にみられるような一般市民による避難者救済が全国各地で行われたものと思われる。

図1－11　名古屋市日泰寺の供養堂

以上のように、関東大震災は日本全国に大きな衝撃を与えた。しかし、震災で最も大きな被害を出し、衝撃発信の中心となった東京市は、地震の震源域からはずれており、揺れの強さの中心でもなかった。未曽有の被害を引き起こした震災前の東京市はどのような街であったのか。大きな被害を出した根本原因は何か、次章で明らかにする。

引用文献

1　聖路加国際病院100年史編集委員会編（二〇〇二）『聖路加国際病院100年史』、全368頁
2　佐々木信綱編（一九二九）『九条武子夫人書簡集』実業之日本社、全310頁
3　橋本幸吉編（一九二四）『大震災千住町写真帖』、全26頁
4　徳冨健次郎（一九三八）『みみずのたはこと』下、岩波文庫、全241頁
5　内閣府中央防災会議・災害教訓の継承に関する専門調査会（二〇〇八）『１９２３関東大震災報告書（第2編）』、全237頁
6　中村清二（一九二五）「大地震による東京火災調査報告」『震災予防調査会報告』100号戊、81－134頁
7　西田幸夫（二〇〇六）「第5章第4節　火災による物的・人的被害」『１９２３関東大震災報告書（第1編）』、内閣府中央防災会議・災害教訓の継承に関する専門調査会、207－213頁
8　竹内六蔵（一九二五）「大正十二年九月大震火災に因る死傷者調査報告」『震災予防調査会報告』第100号戊、229－264頁
9　寺田寅彦（二〇〇三）『震災日記より』青空文庫、全13頁
10　近藤富枝（一九八三）『田端文士村』中公文庫、全275頁
11　北村信正（一九八一）『旧古河庭園』東京公園文庫29、全93頁
12　内務省社会局（一九二六）『大正震災志』下巻、岩波書店、全836頁

第2章　江戸・東京の歴史と地震災害

（1） 拡大を続けた市街地と災害の記憶

明暦三年の江戸大火まで

江戸・東京は関東大震災以前にも歴史上大きな自然災害に見舞われている。関東大震災での東京における被害の原因を考える場合、これらの災害との比較が参考になる。その際、江戸・東京が災害時にどのような街であったかを理解することが重要で、ここではまず街の変遷から話を始めることにする。

江戸の街の始まりは、徳川家康が豊臣秀吉の命令で江戸に入った天正一八（一五九〇）年である。その時は葦だらけの湿地で、家臣の住む場所の確保さえ難しい状況であった。図2－1は家康入城の一〇〇年以上前、太田道灌が江戸城を築いた寛正元（一四六〇）年頃の江戸の地形を描いた地図である。第一に気づくことは、現在の皇居の東側では、丸の内付近にまで日比谷入江と呼ばれる海が入り込んでいたこと、第二は神田川の流路が大きく異なっていたことである。神田川は、現在東京をほぼ東西に流れ、早稲田、水道橋を通り、御茶ノ水付近で本郷台と駿河台を分け、両国付近から隅田川に流れ込んでいる。ところが江戸時代以前は平川と呼ばれ、本郷台を突っ切ることなく水道橋付近で流れを南に変え、江戸城の東側から日比谷入江にそそいでいた。日比谷入江から、現在の日本橋川の流路にあたる東京湾への流路変更に関しては、太田道灌の頃との説もあるが定かではない。図２－１は変更後の地図である。現在の日本橋や銀座がある日比谷入江の外側は、江戸前島と呼ばれた砂州であった。一方、浅草方面には千束池など巨大な沼地があり、隅田川の東側は低湿地で利根川本流の河口部に当たっていた。

家康は慶長八（一六〇三）年に将軍となり、その三年後から天下普請として江戸建設の大工事が本格的に行われた。[1] 日比谷入江の埋め立てや外濠の整備は慶長年間に行われ、続いて二代将軍秀忠の時代、元和六（一六二〇）年頃には、本郷台地を掘り割って神田川を隅田川に直結させた。図２－１にはいくつかの池も描かれており、大池や古川池などがいつ埋め立てられたかは定かでないが、この時期のことかもしれない。一方、溜池は初期の頃は上水源に利用され、長年、外濠の一部として存在したが、明治一〇年代に姿を消した。現在残っているのは不忍池のみである。なお、同時期に利根川の改修工事も行われ、数次にわたる瀬替えで六〇年ほどかけて東遷し、現在の

図2-1　1460年頃の江戸の地形

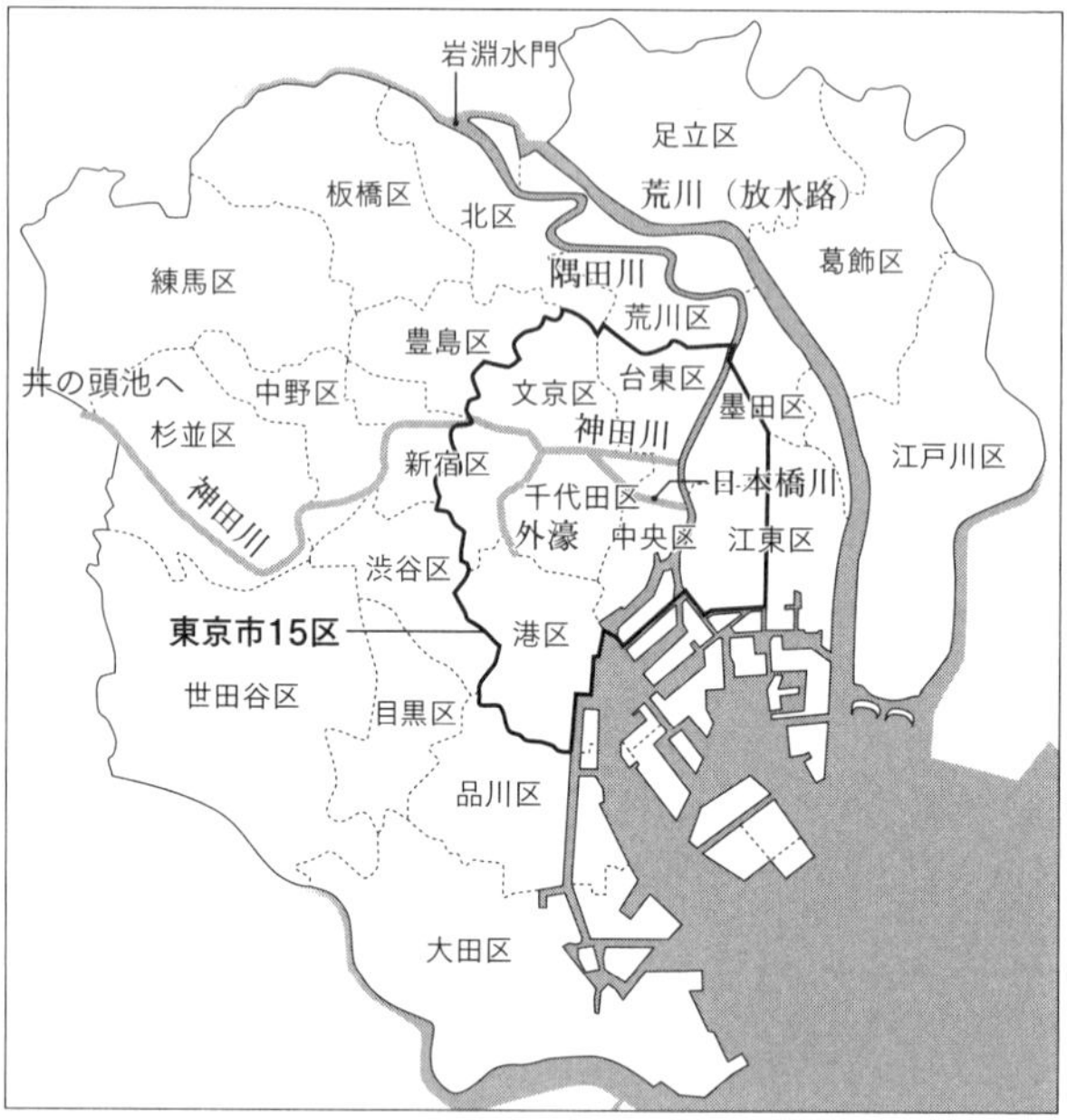

図2-2　現在の東京都23区、東京市15区と主な河川

ような流路となった。

大工事の結果、江戸の町がどのように変わったかは、武州豊嶋郡江戸庄図（俗称：寛永江戸図）から知ることができる。この地図の推定成立時期は寛永九（一六三二）年で、刊行された江戸都市図としては最古のものである。この地図には、北は神田川、南は新橋から溜池、東は隅田川、西は城郭の外縁までが描かれている。図2-2は現在の二三区、東京市一五区と主な河川を示したものである。この図で当時の江戸の町の範囲を説明すると、現在の千代田区と、築地と月島と晴海を除く中央区がほぼその範囲にあたる。この範囲を江戸城外郭内と呼ぶことにする。

なお、外濠は水道橋付近から日本橋川に入り、千代田区の縁をグルっと一周して再び神田川へと連なる、「の」の字型をしていた。現在は中央区と港区との境界部分は埋め立てられている。神田川の南にある神田須田町には浄土宗の田島山誓願寺があったが、寺に詣でた家康が遠くから誓願寺の景色を見て「田の中の島のようじゃ」といったことから山号が田島山となったと伝えられており、慶長、元和の頃には神田にもまだ田圃が広がっていたことがうかがえる。

斎藤誠治は慶安三（一六五〇）年の江戸の人口を四三万人と推定している。[2] 家康の入城時には寒村だった江戸が、五〇年ほどの間に大都会に変身したことがわかる。この江戸に壊滅的な被害をもたらしたのが明暦三（一六五七）年の江戸大火である。旧暦の一月一八日から二〇日（三月二日～四日）に発生し、火元は現在の文京区に二ヵ所、千代田区麴町に一ヵ所で、いずれも江戸の町の北西側にあたる。折からの季節風で江戸城を含む当時の江戸の町全体が焼失し、『元延実録』の記載では六万八〇〇〇人余りが犠牲になったといわれている。[3] 江戸城の天守閣もこの時に焼失し、これ以降再建されず、現在、皇居東御苑には当時の天守台のみが残されている。

本所の湿地を開拓

明暦の江戸大火の後、幕府は江戸の過密解消のために町の拡大を計った。大火の年の八月には幕府の命令で、日本橋にあった吉原遊郭が、一面に田畑が広がる浅草田圃と呼ばれた千束村に移転し、新吉原と呼ばれるようになった。同時に寺院の江戸城外郭外への移転が始まった。それまで外郭外には、古代からあったとされる浅草寺や、江戸城鬼門の鎮護のため京都の比叡山延暦寺に見立てて上野に造営された東叡山寛永寺、さらには裏鬼門の地である芝に移転していた増上寺などがあるのみであったが、そこへ大量の寺院が移転した。具体的には台東区の浅草、下谷、谷中、文京区の本郷、駒込、新宿区の牛込、小日向、四谷、港区の赤坂、麻布、芝、三田、白金などである。先に述べた誓願寺もこの時に神田から浅草へ移転している。同じく神田からは東本願寺（浅草本願寺）が浅草へ、日本橋からは、新しく埋め立てられた築地に西本願寺（築地本願寺）が移転している。これらの寺院の移転はいずれも多くの子院を伴っていた。また、後で述べる新転地の本所、深川にもいくつかの寺院が移転した。現在の千代田区と中央区（築地を除く）に寺院がほとんど存在しないのは、この時期の移転によるためである。

さらに幕府は、武家屋敷の不足を解消するために本所の開拓を始めた。その第一の事業が両国橋の架橋であった[4]。それまで幕府は、防備の面から隅田川への架橋は日光街道の千住大橋以外認めてこなかった。しかし明暦の大火の際に、橋がなく逃げ場を失った多くの江戸市民が火勢にのまれ、やむなく川に飛び込むなどして大量の犠牲者を出したため、事態を重く見て万治二（一六五九）年に回向院の近くに両国橋を架橋したのである。遺体は大穴を掘って葬り、将軍家綱はそこに万人塚を設けた。これが現在の浄土宗回向院の始まりである。回向院には延宝三（一六七五）年に二世住持により建立された明暦の江戸大火による犠牲者の供養塔もあり、東京都指定有形文化財となっている。

宝暦五（一七五五）年に書かれた『本所深川起立』には「本所瀁地《ようち》」と記され、開拓当時、この地は水が一面に広がる湿地であったことがわかる。同書によれば、本所の開拓が万治二（一六五九）年から始まったこと、工事が竪川をはじめとする堀割の開削から開始され、その排出土砂を用いて地面がつき固められていったこと、洪水対策として川端には水除けの土手が築かれたことなどがわかる。

翌万治三年に本所奉行職がおかれ、開拓が進むとともに大小名の下屋敷や旗本の屋敷などが移転あるいは新設された。竪川沿いなどには、江戸市中の区画整理によって土地を失った町屋などが移された。ところが延宝八（一六八〇）年に大水害が起こり、幕府は治水事業の足りなさを痛感して本所経営をいったん中止することにした。その際、他所に代替え地を下付してすべての建物を引き払わせた。その後、治水工事など諸工事を行った上で、元禄元（一六八八）年頃から武家屋敷や町屋の移転が再開された。その間、本所奉行職は空席であったが、元禄六年から再開された。

両国橋に近い両国三丁目（旧本所松坂町）には、吉良上野介邸跡がある。元禄一四年三月の江戸城松の廊下での浅野内匠頭《たくみのかみ》の刃傷事件の後、八月にこの地に屋敷替えを命じられた。赤穂義士の討ち入りは翌年の一二月である。この地はまだ江戸の場末で、かなりさみしいところだったと思われる。本所の地が江戸市中と変わらぬ様相を呈するようになり、本所奉行が廃止されるのは、享保四（一七一九）年のことである[4]。

なお、大橋と呼ばれた両国橋の下流部には、元禄六年に新大橋が架けられた。一方、小名木川以南の深川の地には元禄一一年に永代橋が架けられるが、隅田川沿いの自然堤防を除き、汐入の湿地が広がり飲料水の確保も難しかったために、深川地区の市街地化は本所地区に比べかなり遅れた。[1]元禄一一年には、江戸町奉行所が初めて江戸を府内と府外にわけるため、支配範囲を示す榜示杭《ぼうじぐい》を立てている。[1]これらの位置をみると、江戸の市街地が明暦の江戸大火の前は外郭内（千代田区・中央区）であったのに対し、現在の台東区や文京区の南部、新宿区の東縁、港区全域へと広がったことがわかる。一方、江東地域では墨田区の南西部の両国橋周辺のみが府内に含まれているだけである。

江戸御府内から東京市一五区へ

その後、江戸はさらに拡大し、人口は寛延三（一七五〇）年頃には一二二万人、明暦の江戸大火以前の約三倍にもなった。[2]文政元（一八一八）年に幕府は地図上に朱線を引いて、正式に江戸御府内の範囲（朱引内）を決めた。その際、同時に町奉行所支配の範囲が黒線（墨引）で示された。朱引の範囲はやや墨引の範囲より広い。[1]

明治維新後の明治一一（一八七八）年に一五区が設置された際、当初の範囲は旧朱引内でかつ墨引の土地とされ、その後、多少の変更でやや拡大し、明治二二年に東京市一五区が成立している。図2－2に東京市一五区の範囲を示すが、この範囲がおよそ朱引ないしは墨引の範囲と考えてよい。先に榜示杭の位置から推定した元禄の頃に比べ、さらに市街地が広がったことがわかる。このような江戸の拡大や人口増加は一八世紀中頃以降飽和し、嘉永三（一八五〇）年頃の推定人口は一一五万人と、一〇〇年前とほとんど変わっていない[2]。さらに明治維新の動乱で人口は一時半減するが、その後は回復し、大正九（一九二〇）年の第一回国勢調査の結果によれば、東京市一五区の人口は二〇八万人となった（表1-6）。

明治維新により江戸は東京となり、面目を一新する。江戸の面積の七割近くを占めていた武家地は新政府によって没収され、公用地や高級官僚の宅地として転用される一方で、本所、深川など周辺部の広大な屋敷跡はいったん農地となった後、工業地帯へと転換してゆく[4]。本所・深川は水運の便もよく、また低地のため地価も安い。このため明治政府の産業都市化政策のなかで、日清、日露の両戦争を通じて、さまざまな工場が小名木川、竪川、横十間川などの川沿いにでき、そこで働く人々の数も爆発的に増加する。たとえば本所地区の人口は、明治二八年の約八万人から大正九年には約二六万人となり、三倍強になっている[4]。また深川地区の人口増はさらに大きく、明治二四年の約五万人から約二五万人と、五倍にもなっている[5]。

一方、江戸の残り三割を占めていた町人地は超過密で、明治に入ってからもほぼ江戸時代のままであった。明暦の江戸大火からすでに二〇〇年以上の歳月が流れ、大火後、当時の新開地として寺院や墓地を移転させた浅草などもすっかり市街地化し、東京で一番の繁華街となっていた。明治政府にとっても東京市にとっても東京の街の近代化は待ったなしの課題で、明治五年の銀座大火の後に銀座煉瓦街が造られたが、その後は思うように続かなかった。明治二二年には市区改正計画（旧設計）が出され、道路、河川、橋梁、鉄道、上下水道などに関する整備計画が示された。しかし、事業量が膨大になりすぎたこともあって修正を余儀なくされ、明治三六年に緊急不可欠な街路等に絞った修正案（新設計）が告示された。

新設計による施設整備事業は大正八年に一応終了するが、当初の計画をほぼ完成できたのは、水道事業、一部の道路拡幅、路面電車の軌道敷設、共葬墓地の整備ならびに一部の寺院・墓地の郊外移転であった。日比谷公園や「一丁ロンドン」と称された丸の内の三菱一号館などはこの時期に生まれたものである。

この時期の寺院の移転は現在の豊島区、杉並区、中野区などに寺町を生み出した。明治維新によって幕府の庇護がなくなり、寺社領は国有地化される。さらに廃仏毀釈運動により大きな打撃を受けた寺院に対し、政府は、移転させた墓地や合併により生まれた寺院跡地を無償で払い下げるなどの措置をとって郊外移転を促した。その結果、移転寺院の総数（合併も含む）は一一九に達した。武家など支配階級の信仰が厚かった禅宗系や日蓮宗系の宗派のものが多く、武家の没落で大きなダメージを受けた寺院が、地理的にも近く、墓地の拡張も期待できる郊外の豊多摩郡や北豊島郡へ移転したことがわかる。

市の拡大と東京都二三区の成立

その後、大正一二（一九二三）年に関東地震が起こり、東京市一五区は大きな被害を受けた（表1－6）。一方、郡部で被害が大きかったのは北豊島郡三河島町と南千住町で、死者はそれぞれ五

現在の区	人口	世帯数	被害世帯数		全潰率（%）	焼失率（%）	死者数
			全潰	焼失			
都心８区	2,132,028	469,943	42,543	310,483	9.1	66.1	69,425
郊外15区	1,076,961	232,514	4,532	755	1.9	0.3	908
都心／郊外	2	2	9	411	5	203	76

※ここでの都心８区とは、千代田、中央、港、文京、台東、荒川、墨田、江東の各区。23区のうちその他が郊外15区

表２-３　関東大震災の被害：都心８区／郊外15区の比較

二七人と三五〇人にのぼる。両町はいずれも現在は荒川区に含まれている。『大正震災志』上巻には、これらの地域は震災当時、行政上は郡部であるが工場も多く、実際には市域と同様に市街地化され、浅草区の延長で焼野原になったと書かれている。[6]

このため表２-３では、関東大震災の被害を現在の二三区のうち都心部と郊外とに分けて比べるにあたり、東京市一五区に対応する都心八区に荒川区を加え、緑地が比較的多く市街地化が進んでいなかった牛込区と四谷区に対応する新宿区を郊外の区として、都心八区と郊外一五区を再編成した。郊外に比べて都心は人口では二倍程度であるが、全潰世帯数は九倍、焼失世帯数にいたっては四一一倍、死者数は七六倍にものぼったことがわかる。震災前の都心部が、地震に対し大きな被害を受けるべき街としての防災上の問題をはらんでいたことを示唆する結果といえる。

その後、東京市は復興を遂げ、昭和七（一九三二）年に周辺郡部の町村を合併して東京市三五区となる。これが現在の東京都二三区の範囲である。三五区は戦後の昭和二二年三月に二二区に再編され、八月に板橋区から練馬区が分離独立して現在の東京都二三区となった。

では、いつから東京市は東京都となったのか。墨田区両国四丁目の榛《はんのき》

稲荷神社にある社号碑に、興味深いことが書かれている。時に昭和一八年のことで「大東亜戦争必勝を祈願し奉り東京都の実現を紀念する」というのである。

東京都は、その年の七月に、それまでの東京府が事実上東京市を合併する形（手続上は府と市が廃止されて「都」が新設された）で成立した。それまで東京市には、市民の選挙で選出される公選の市会（市議会）があって、市会のなかから選ばれる市長がいた。一方、東京府には公選の府議会はあったが、府知事は官選で中央政府の強い監督下に置かれていた。当時も東京市は格段の財政力と強い発言力を持っており、戦争遂行のため帝都東京への統制を強化したい政府と軍部にとって、東京府への東京市の合併が是非必要であった。これにより東京市は市制と自治権を奪われ、官選の東京府知事改め東京都長官の統制下におかれることになった。なお、碑文を書いた陸軍大将の岸本綾夫は、最後の東京市長（第一九代）で、碑文より東京都への移行に大きな役割を果たしたものと推察される。

災害の歴史を伝える慰霊碑

以上、述べてきたように、江戸・東京は現在まで約四〇〇年余りの歳月をかけて拡大し、そこには現在でも、過去の自然災害の記憶を呼び起こす慰霊碑などが数多く残されている。表2－4は、私が東京都二三区内を調査した結果に基づき作成した災害別の慰霊碑（慰霊堂も含む）の数である（慰霊碑のリストは巻末に、慰霊碑個々の詳細な説明は巻末主要文献（8）（9）（10）に記載）。表2－4

には先に定義した都心八区と郊外一五区別の数も示している。

江戸・東京の歴史を通じて六つの自然災害の犠牲者に対する慰霊碑が建てられている。そのなかで圧倒的に数が多いのは関東大震災であるが、まずは時代順に概要を説明すると以下のようになる。

自然災害名	西暦	慰霊碑数		
		都心８区	郊外15区	総数
天明３年浅間山噴火	1783	2	2	4
天保４－８年飢饉	1833－37	0	3	3
安政２年江戸地震	1855	8	2	10
安政３年江戸台風	1856	1	1	2
大正６年高潮（台風）	1917	2	0	2
大正12年関東大震災	1923	42	24	66

表2-4　東京都23区内に残る災害別の慰霊碑数

最も古いものは天明三（一七八三）年の浅間山の噴火に関するもので、四基ある。旧暦四月頃からの火山活動がピークに達し、七月五日から八日にかけて大噴火が起こり、江戸をはじめ関東一円に大量の火山灰が降った。七月八日には北麓で岩塊が岩屑なだれとなり、吾妻川で泥流となって、多くの村落を飲み込んだ。泥流は下流の利根川や江戸川にもはいり、流域に多くの死者が流れついた。

次は、天保四～八（一八三三～三七）年の天保の飢饉に対するもので、三基ある。いずれも江戸と地方を結ぶ各街道の最初の宿場町に建てられたもので、飢饉でやむなく江戸へ逃れ、江戸の境までたどり着いた時点で力尽きて亡くなった人々を弔ったものと思われる。慰霊碑が郊外にあるのはそのためである。

次は、関東大震災に次いで数が多い安政二（一八五五）年の安政江戸地震に対するもので、一〇基ある。都心八区に八基あり、そのうち台東区の浄土宗大音寺にあるものは、新吉原での遊女を中心とする六八五名もの犠牲者に対する慰霊碑である。安政江戸地震による新吉原での犠牲者については、荒川区の浄土宗浄閑寺の新吉原総霊塔にも関東大震災の犠牲者とともに合葬されているので重複して数えている。一方、郊外にあるものでも、練馬区の真言宗長命寺のものは、江戸幕府が安政四年の三回忌に建立した大施餓鬼塔で、もとは台東区の蔵前神社（当時は蔵前八幡神社）に建立されたが、明治政府による神仏分離令の影響を受けて明治三（一八七〇）年に現在の長命寺に移されたものである。また葛飾区の日蓮宗妙源寺には歌舞伎役者の一一代目森田勘彌の妻が犠牲者のために建立した石造題目塔があるが、この寺も関東大震災前は墨田区本所にあったものである。その意味ですべての慰霊碑はもともと都心にあったもので、台東区や江東区、墨田区などで被害が大きかったことを反映している。なお、翌年の安政三年には江戸台風と呼ばれる暴風雨があった。墨田区の浄土宗回向院の六地蔵は安政江戸地震と江戸台風の両方の犠牲者のために建てられたものであり、重複して数えている。

次は、大正六（一九一七）年の台風による高潮災害によるものである。被害の大きかった江東区の南砂には砂村新田の住民が仲間のために建てた波除地蔵尊があり、北砂の真言宗持宝院には、篤志家が砂村新田での犠牲者一四七名を弔うために建てた供養塔がある。

最も新しいのが関東大震災の慰霊碑で、全部で六六確認できる。被害の程度を反映して都心八区の数が多い。なかでも犠牲者が多い墨田区、台東区、江東区での慰霊碑数は三五にのぼり、全体の半数以上を占める。東京都慰霊堂のある墨田区の横網町公園や新吉原での遊女の犠牲者を悼む台東

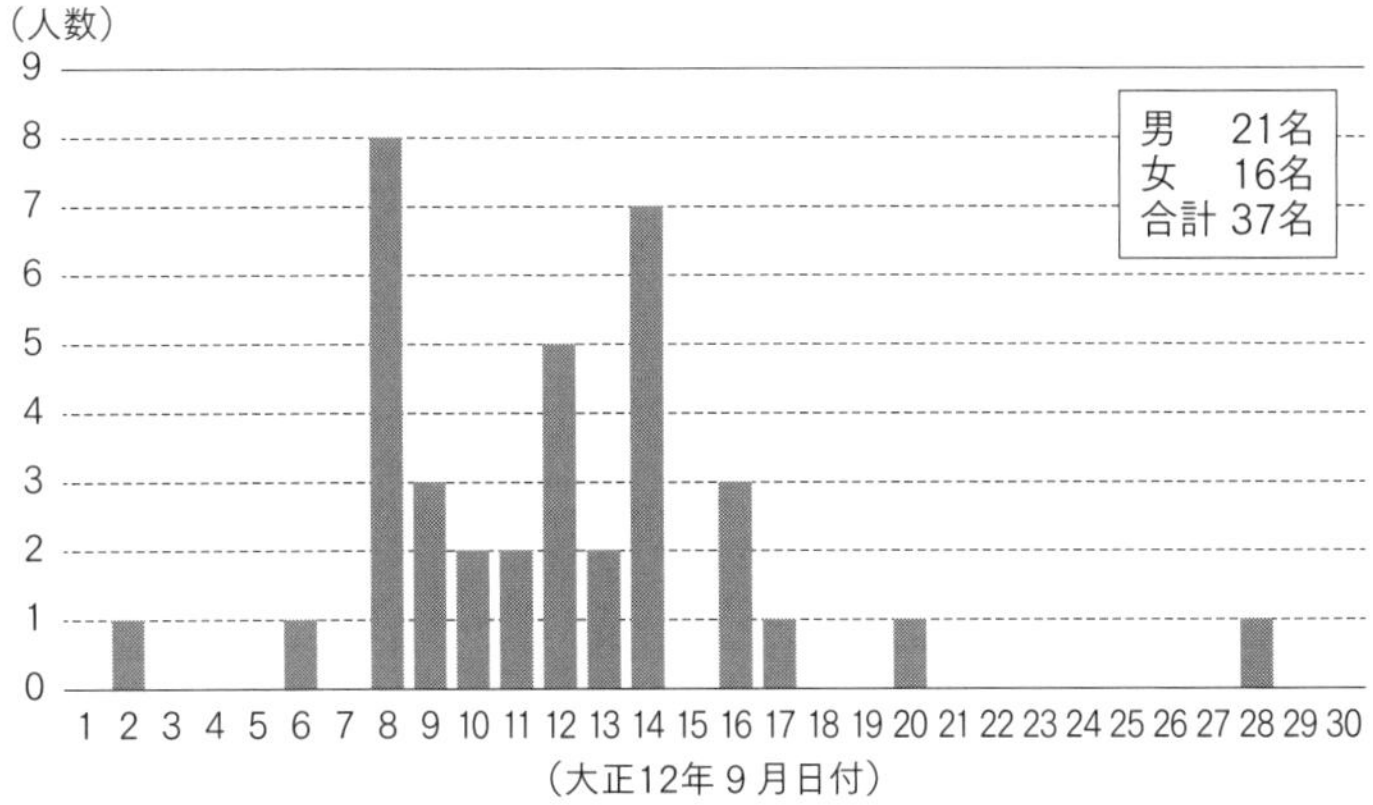

図2-5　9月1日〜30日に大井町の海岸に漂着した遺体数

区の新吉原花園池跡など、一ヵ所に複数の慰霊碑があるところも含まれている。

一方、郊外一五区で慰霊碑が多いのは大田区と品川区である。両区の犠牲者の数は二三区中一二番目と一三番目であるのに対し、慰霊碑の数は四番目と五番目である。いずれも東京湾に面する区で、これらの地域の海岸に、地震後多くの遺体が流れ着いたのが原因である。

品川区の鈴ヶ森刑場跡の慰霊碑は一三回忌に建立されたもので、碑文には「永代、両国、吾妻の橋畔に避難せる幾十万の民衆は橋梁の焼失と共に前後を亡じ河中に潜みたるも無慙《むざん》や濁流に漂い溺死せる者五千余の多きに達し、累々たる屍体は二旬に亘りて各所に漂流せり。吾が大井町の海岸に漂着したる者、実に三十七体におよぶ」と書かれ、日ごとの遺体の漂着場所と推定年齢、ならびに男女の別も記されている。図2-5は慰霊碑に記載された情報から漂着遺体数を日ごとに集計したグラフである。震災から一週間後の九月八日から、一週間にわたって多くの遺体が流れ着いたことがわかる。大井町役場が震災一周年を記念してまとめた『大震災記念誌』には、これらの遺体に対して「仮設の収容場を設け順次桐ヶ谷火葬場に送りて荼毘に付し、相当の礼を以て一〇月一九日（七十七日）に本所陸軍被服廠跡納骨堂に合葬したり」と書かれている。[7]

また、大田区の日蓮宗大林寺にある慰霊碑は、昭和四（一九二九）年の七回忌法要に合わせて建立されたものである。関東大震災当時の大森地域は半農半漁村で、震災後、大森海岸に毎日のように遺体が漂着したので、大林寺の住職ならびに大森地区の海苔関係の地元有志で構成される前方講中とよばれる題目講に属する人々によって建てられた。この碑の造立以来、毎年九月一日の震災記念日に、前方講中が施主となって大森海岸付近の東京湾に舟を出し、大林寺住職が同乗して海上供養が行われていた。南品川の時宗海蔵寺にも釈迦如来像をいただく供養塔があり、碑文には、品川海岸に漂着した数十体の遺体を町役場が海蔵寺境内に埋葬して毎年追弔してきたが、昭和七年一〇月に市郡併合によってこの地が東京市になったことを機会に、品川区の各宗派の寺院によって犠牲者の回向のために釈迦如来像を建立したという趣旨が刻まれている。

この他、同じく南品川の曹洞宗海晏寺や大田区本羽田の日蓮宗長照寺にも、漂流する遺体を葬って建てられたのではないかと思える慰霊碑がある。さらに、羽田の多摩川河口部には岬のように少し尖った五十間鼻と呼ばれるところがあるが、そこに小さな無縁仏堂と角塔婆が立っている。以前あった説明板には、「関東大震災、先の第二次世界大戦の、昭和二十年三月十日の東京大空襲の折には、かなりの数の水難者が、漂着しました。その方々をお祀りしていると言われております」と記されていた。

なお、震災当時の水上警察署の調べとして、先の大井海岸では府下大井町先で溺死三一（男一五、女一六）、羽田では府下羽田町鈴木新田地先で溺死四一名（男二七、女一四）との、漂流遺体と見られる検死報告もある。[8]

これらの慰霊碑は、一〇年以上の歳月が過ぎても、身寄りもわからない漂流者のことを地元住民が供養していた証である。漂流する遺体を流れ着いた地域の住民が供養することは、天明三（一七八三）年の浅間山噴火の際にも行われ、表2‐4で郊外の二基と数えた葛飾区の日蓮宗題経寺墓地の「川流溺死者供養塔」や、江戸川区の真言宗善養寺の「浅間山焼け供養碑」は、いずれも火山泥流によって江戸川まで流されてきた遺体を供養したものである。江戸・東京の街の様子は変化しても、住民の災害犠牲者に対する気持ちは、江戸・明治・大正を通じてそれほど変わっていなかったことを表している。

（2）元禄・安政の大地震との比較

元禄地震はM8、安政江戸地震はM7

江戸・東京は大正一二（一九二三）年の関東地震、安政二（一八五五）年の安政江戸地震の他に

地震	M	発生日（旧暦）	時刻	天候	焼失面積（坪）	人口（人）	死者（人）
元禄地震	7.9-8.2	1703年12月31日（元禄16年11月23日）	午前2時頃（夜八つ時）	晴／曇（月明かり）	延焼火災なし	70万	340
安政江戸地震	7.0-7.1	1855年11月11日（安政2年10月2日）	午後10時頃（夜四つ半）	曇・微風（むら雲微風）	61万	130万	7,500
関東地震	7.9（8.1）	1923年9月1日（大正12年）	午前11時58分	晴／曇強風	1,150万	208万	68,660

表2-6　元禄地震／安政江戸地震／関東地震の比較

もう一つ、元禄一六（一七〇三）年の元禄地震と、三回の大地震に見舞われたことがわかっている。[9] 表2-6に三つの地震の比較表を作成し、地震発生時刻、天候、火災の状況、当時の人口と死者数を掲載した。

関東地震時の人口は表1-6と同じく、大正九年の第一回国勢調査の結果である。江戸幕府が民衆の数を把握するのは宗門人別帳が作成される江戸時代中期以降で、現在でいう戸籍原簿や租税台帳のようなものである。それを反映してか、「正宝事録」という江戸の町触を編年集成した資料の元禄六年（一六九三）年六月一七日（旧暦）の項で、三五万三五八八人という人口が初めて記載されている。ところが、これはあくまで町方人口で、武家人口はわからない。それについては吉田東伍が、弘化から幕末期（一八四四～一八六八年）に江戸に一年間に入る米の石高と一人の消費量から総人口を一三〇～一四〇万人と推定し、町方と武家の人口はほぼ同じと結論づけている。[10] これを元禄期にも当てはめると、武家を含めて人口は約七〇万人となる。齋藤誠治は、先に述べた慶安三（一六五〇）年の人口四三万人に加え、寛延三（一七五〇）年は一二二万人、嘉永三（一八五〇）年は一一五万人と推定している。[2] 一六五〇年と一七五〇年の値の中間値として一七〇〇年頃（元禄期）の人口を求める

1703年元禄地震			1923年関東地震		
地域	死者数	全潰	地域	死者数	全潰
江戸府内	340	22	東京市	68,660	12,192
甲府領	83	345	山梨県	22	577
小田原藩領	2,291	8,007	足柄上郡・下郡	1,624	9,280
駿河・伊豆	397	3,666	静岡県	444	2,383
房総半島	6,534	9,610	千葉県	1,346	13,767

※元禄地震は宇佐美・他（2013）、関東地震は諸井・武村（2002、2004）による

表2-7　元禄地震／関東地震の各地の被害

と約八〇万人となり、上記の推定値七〇万人とほぼ整合する。また、安政江戸地震が発生した一八五〇年頃の値も両者でそれほど大きく違わないので、約一三〇万人とした。

地震の推定マグニチュードMをみると、安政江戸地震はM7クラスであるのに対し、元禄一六年一一月二三日（旧暦）の元禄地震は関東地震と同様M8クラスである。元禄地震は相模トラフで発生するプレート境界型の地震で、関東地震とほぼ同じ震源断層で起こった地震と考えられている。[9] そこで各地の被害を比較するために表2-7を作成した。元禄地震による被害は、当時五代将軍徳川綱吉の側用人を務めた柳沢吉保の『楽只堂年録』などの記述をまとめたものである。[9] 関東地震によるものは、それぞれほぼ対応すると思われる地域ごとにまとめた。元禄地震の甲府領と関東地震の山梨県、小田原藩領と足柄上郡・下郡、駿河・伊豆と静岡県では住家全潰数と死者数はほぼ同じであることがわかる。一方で、房総半島の被害では元禄地震の死者数が関東地震の千葉県の被害に比べて約五倍である。これは元禄地震の震源断層が外房沖まで伸びていたために、外房の津波がより高くなったため、つまり地震の発生条件の差で説明がつくと考えられる。

一方、これとは逆に、江戸の被害は関東地震の東京市の被害と比べて異様に少ないように見える。震源断層の形状や地震の規模から考えて、元禄地震における江戸と関東地震における東京とは同じような揺れに見舞われたと考えられるのに不自然である。元禄地震は関東地震から二二〇年も前のことであり、史料の欠落や、幕府として徳川政権の不安定さをかもし出すような江戸の被害は秘匿すべきものであった可能性も否定できないが、被害の少なさをそれだけで片付けてよいものだろうか。後で述べるように直後に火災も発生せず、幕府が江戸市民に救済令を出したという記録もない。市中には悪名高い綱吉の御犬様保護のための税金である犬扶持《いぬぶち》を免除する町触が出されただけであった。また、何より被害を今に伝える慰霊碑も見あたらないのである。

被害を左右した江東地域の市街地化

元禄地震を江戸で体験した一人に新井白石がいる。儒学者で、はじめは甲府藩主徳川綱豊に学問を講義する身であったが、その後、宝永六（一七〇九）年に綱豊あらため家宣が六代将軍となり、その子七代将軍家継にも仕えて、幕府政治に深く関わるようになる。白石の随筆である『折りたく柴の記』によれば、地震発生は夜中で、湯島にあった自宅で地震に遭遇した。屋敷の戸、障子は皆外れたが、建物に大きな被害はなく、さっそく甲府藩邸へと向かった。[11]

元禄二（一六八九）年に刷られた地図である江戸図鑑綱目 坤《ひつじさる》をみると、甲府藩邸は現在の日比谷公園の敷地に対応する。途中、神田明神の東門下で大地が再び大きく揺れたが、そのあたりの町屋は無事だったようである。昌平橋を渡ってすぐに、同じく家臣の藤枝若狭守方教《まさのり》に会うが、その際、月の光で顔を確認したとのことから、天候は比較的良かったと思われる（表2-6）。さらに外濠（日本橋川）にかかる神田橋あたりで再びはげしく揺れ、家々が倒れる音が聞こえた。橋を渡り、内濠沿いに和田倉門の前を通って日比谷門に来ると、番士の詰所が倒れていた。そこから屋敷に入ると、藩邸の北にあった長屋が倒れて火災が発生し、犠牲者も出ていたが、消し止められて延焼火災になることはなかった。白石は綱豊の言葉もあって午後一時すぎには帰宅した。

日比谷公園から神田橋にかけては、もともと日比谷入江を埋め立てたところで地盤が良くなかった（図2-1）。上記の記載から揺れの状況は関東地震の時とよく似ている。白石は翌日も藩邸に参上するが、大地はなおしきりに震動していた。余震の多い特徴も関東地震によく似ていたようである。

結局、江戸市中での火災は甲府藩邸くらいのもので延焼火災はなかった。ただ六日後の一一月二九日の夜になって、小石川水戸屋敷の失火による火災が湯島方面に広がり、さらに日本橋方向と神田川沿いに隅田川を渡って本所本面まで延焼したが、これは地震とは直接関係がない火災である。『折りたく柴の記』によれば、その際、白石の湯島の屋敷も焼失してしまった。

江戸図鑑綱目坤をみると、江東地域は黒塗りの場所が多く、町名がまだ付けられていない。つまり先に述べたように、この時代の江東地域の市街地は両国橋の近辺のみであった。そこで次に、江戸の街が江東地域にほとんど広がっていなかったことが、元禄地震による江戸の被害にどの程度の影響を及ぼしたかをみるために、関東大震災の東京市一五区の被害に対して、本所区と深川区の被害が占める割合を調べてみる。表1‐6をみると、人口は江西地域が約一六六万人、江東地域が四二万人である。一方、全潰率は前者が五％であるのに対して、後者は一八％に達している。江東地域には広大な軟弱地盤が広がり、全域で強い揺れが生じ、多くの家屋が全潰したことがうかがえる。

関東大震災の際、仮に元禄地震の頃と同様に江東地域にほとんど人が住んでいなかったとすれば、死者数はほぼ江西地域の一万二三人となる。また住家の全潰によって延焼火災が多数発生した江東地域の火災が発生せず、飛び火などによって他地域に延焼拡大がなかったとすれば、元禄地震の時のように目立った火災がない状況になっていたかもしれない。江西地域でも、関東大震災の際に住家の全潰が多く、地震直後から火災が発生した浅草区北部も元禄地震の頃は新吉原の周りはまだほとんどが田畑であった。同じく神田区西部も、延焼火災が比較的起こりにくい武家地であった。

そのように考えれば、死者数は江西地域の圧死者の一四八九名程度となる。さらに、関東地震当時の人口は江西地域が一六六万人で、元禄地震当時が約七〇万人であることから、その分死者数が減少するとすれば、実に関東地震が元禄の江戸に来ていた場合の死者数は六二八人となる。これは表2‐6や表2‐7に示す元禄地震の際の江戸の死者数とそれほどかけ離れた数ではない。つまり元禄地震について、同じM8クラスの地震に襲われたにもかかわらず死者数が少なすぎるという単純な理由で史料の不備を指摘することはできないということである。ただし建物全潰数は、通常建物全潰による死者数の一〇倍程度であることが多く、二二軒はやや少なすぎるように思われる。

町	時代	震度	人口	世帯数	被災世帯数		被災率(%)	焼失率(%)	死者数	死亡率(%)
					総数	焼失				
小田原城下	元禄	7	12,226	1,526	1,529	568	100	37	788	6.4
小田原町	大正	7	22,477	4,779	4,423	3,384	93	71	280	1.2

※被災世帯数：全半潰または焼失した世帯数

表2-8　元禄地震／関東地震の小田原での被害（内閣府［防災担当］『1703元禄地震報告書』［2013］の表9-3より作成）

真冬の夜中と初秋の正午

江戸とは対照的に、元禄地震でも関東大震災と同様に大きな被害を出したのが小田原である。被害の共通点は、津波による被害はそれほどでもなかった一方で、揺れは震度7に達する強いもので、多くの建物が倒れ、延焼火災によって町を壊滅状況にしたことである。

延焼範囲を比較すると、中心部である現在の本町付近の延焼地域は共通しているが、関東大震災では城内に顕著な延焼地域はなく、浜町一、三丁目や栄町二、四丁目など北東方向に広く延焼範囲が広がっていたことがわかる。火元は共に一二ヵ所と報告されている。[12] 元禄地震が発生した真冬の夜中は、灯火ないしは埋み火（灰中に埋めた炭火）が倒壊家屋に燃え移って火災が多く発生したものと思われる。

表2-8に小田原での関東地震と元禄地震の被害の比較を示す。ここでいう小田原城下と小田原町はほぼ同じ範囲である。元禄地震の際の小田原城下の人口と家数は町方と武家の合計である。被災世帯数とは、全潰・半潰・焼失のどれかの被害を受けた家数である。一世帯一住家と仮定して、家数を世帯数と同等と見なした。関東大震災当時の小田原町の人口や世帯数は、元禄

地震の時と比べて、人口で一・八倍、世帯数で三・一倍であることがわかる。一方で、一つの家に住む人の数は、元録地震当時が八・〇人、関東大震災当時が四・七人と、元禄地震当時の方がかなり多くの人が一つ屋根の下で暮らしていたこともわかる。

被災率すなわち被災総数を全世帯数（または家数）で割った値は、元禄地震で一〇〇％、関東大震災でも九三％と、両地震とも、ほぼすべての世帯が家を失うほどの被災をしていることがわかる。一方、焼失数を全世帯数（または家数）で割った値、いわば焼失率を比べると、元禄地震では三七％であるのに対し、関東大震災では七一％となる。これは延焼範囲が関東大震災の方が広いことによると思われる。元禄地震の発生時には強風の記録はないが、関東地震発生時は南関東一円で風速一〇メートルくらいの南風が吹いていた[13]。このことが延焼範囲の広がりに影響した可能性がある。

一方、人的被害として死亡率を計算すると、元禄地震では六・四％と非常に高い値を示す。これに対して関東大震災では一・二％である。地震の発生時刻が真冬の夜中であり、人々が家中で寝静まっていて、一日のうちでも、また季節的にも、最も避難しにくい状況下で起こったことを原因としてまずあげることができる。さらに先に指摘したように、当時一軒の家に多くの人々が暮らしていたことも、死者数を増やす原因となったものと思われる。

関東地震の発生は強風下で火の使用頻度が高くなる正午前という最悪の状況で起こったと考えられがちであるが、発生時刻が真冬の夜中である元禄地震ではさらに多くの犠牲者が出ていることがわかる。

兆候が見える安政江戸地震

江戸を襲ったもう一つの大地震は安政二（一八五五）年一〇月二日（旧暦）の安政江戸地震で、いわゆる首都直下地震と考えられる地震である。仮名垣魯文（一八二九～九四）が著した安政江戸地震のルポルタージュである『安政見聞誌』の上巻には、図2-9のような絵図が掲載されている。絵図には、深川が他より被害が激しかったことや、公の御救済として幕府が御救小屋を建て、富裕町人がそれに協力して窮民を救ったことなどが書かれている。幕府は大火災や飢饉の時に過去に五回、御救小屋を建てているが、地震災害に対しては初めてのことであった。[14]

図2-9『安政見聞誌』上巻の絵図

表2-6に示すように、安政江戸地震の地震後の火災による焼失地域は六一万坪（約二平方キロメートル）で、関東大震災の一九分の一程度である。[15]焼失地域をみると、隅田川の西側では関東大震災で直後に火災が発生した地

域（図1―7）と非常によく似ており、皇居の北側、西神田の神田神保町付近や、浅草公園の北側の浅草吉原付近などで、いずれも地盤の悪い地域である。また現在の東京駅の西側の丸の内から日比谷にかけての地域は大名小路と呼ばれ、武家屋敷が隙間なく建てられていたためにここでも火災が発生した。この地域は日比谷入江を埋め立てたところである（図2―1）。

一方、隅田川の東側の本所・深川地区では、火災による焼失地域は限られている。主なところは、隅田川沿いの本所北部のごく一部、竪川と小名木川の間の新大橋の周辺、ならびに油堀以南の永代橋周辺と富岡八幡宮や永代寺門前など、多くは町人地である。油堀以北の仙台堀から小名木川までの地域は武家地で寺院も多く、火災は発生していない（川名は図1―7の記載参照）。

当時の本所・深川地区では、明暦の江戸大火後に始まる本所の開拓以来、武家地と寺院の境内地がかなりの部分を占めていた。安政三年頃の地図をみると、武家地のうち広い敷地のところは多くが大名の下屋敷であることがわかる。下屋敷は広い庭園などがあり、別邸としての役割が大きく、江戸市中の大火の際には大名が避難したり、復興までの仮屋敷として使用されたりもした。江戸城の近くにある上屋敷や中屋敷と比べ、総じて敷地も広く、火災危険度が低かったといえる。

一方、木造密集地であった町人地は、隅田川沿いと竪川沿いに限られた。地区の真ん中を南北に貫く大横川と隅田川の間のうち大横川よりの大部分は武家地で、仙台堀以南は木場とよばれる材木置き場であった。さらに大横川より東、東京市一五区でいえば本所区と深川区の東端に位置する横十間川との間は朱引内であったが、農地が広がっていた。そのうち小名木川以北は農村地帯、以南は新田開発で汐入の湿地から生まれた農地であった。『安政見聞誌』上巻には「本所天神川堤より江戸一円の大火を望む」という図があるが、天神川とは横十間川のことで、手前は一面の田圃となっており、季節柄、刈り入れが終わった稲束が干されている。これらの地域は、関東大震災の際にはすべてが市街地化され、延焼地域となったことがわかる（図1‐7）。先に述べた明治維新以降の人口集中が街を大きく変えてしまったのである。

斎藤月岑《げっしん》による安政江戸地震による被害をまとめた『武江地動之記』によると、死者は町方で四七四一人、そのうち本所・深川では一六六〇人である。また、文政一一（一八二八）年の本所・深川の町方人口は推定六万一〇四〇人で、単純に死亡率を計算すると二・七%となる。[9] その際の江戸御府内の町方人口は五二万七二九三人であり、[16] 平均死亡率が〇・九%となるのに比べると突出して高い。表1‐6の江東地域の数値をみると、このような傾向は、関東大震災でより助長されているように見える。安政江戸地震の被害に関東大震災の兆候をみる思いがするのはこのためである。なお、武家の死者数ははっきりしないが、『日本被害地震総覧599‐2012』[9] に約二六〇〇人と書かれているので、表2‐6では合計して死者数を七五〇〇人程度としている。

『武江地動之記』には、安政江戸地震発生時の天候に関して、「昼より細雨あり、程なく止、終日曇れる、夜は村雲ありて、亥子の方より風吹て微風なり」と書かれている。関東地震発生時のような強風ではなく、天候面では火災の延焼を促進するような状況ではなかったようである。

関東大震災の被害を招いた最大の原因

ここまで、江戸の市街地の拡大と、元禄・安政の二つの大地震の被害状況を見てきた。前章で述べた関東大震災の被害状況を再度確認し、その被害が拡大した要因を見きわめたい。

先に小田原における火災を取り上げたが、関東大震災による火災は決して東京市だけでなく、各地で発生している。表2‐10に大火災の発生地域をまとめてみた。このうち東京府北豊島郡の南千住町と三河島町は、東京市浅草区の延長で市街が連続していたため、火災も東京市の一部と考えてよい。そこで東京市の火災を除くと、大火災の発生地域は神奈川県の各地と千葉県南部であることがわかる。これらの地域はいずれも関東地震の震源断層の直上に位置し、ほとんどが震度7の地域である。このため揺れが強く、全潰率も三〇%以上で、鎌倉町や小田原町などでは六〇〜七〇%にも達していたことがわかる。つまり、大火災の第一の発生原因としては、揺れが強く、多くの住家が潰れて初期消火ができないままに延焼火災につながったことが考えられる。先に述べた元禄地震の際の小田原の例も、同様の条件で火災が発生したものと思われる。

関東地震発生時の天候についてはどこでもほぼ同じ条件であり、日本海沿岸を台風崩れの低気圧が通過中で、南関東一円において風速一〇メートル近くの南風が吹いていた[13]。大火災により発生する火災旋風についても、東京市だけでなく横浜市や小田原町、真鶴村、厚木町でもそれら

死者数	死亡率(%)
68,660	3.3
350	0.7
527	2.4
26,623	6.6
665	1.0
497	2.8
307	1.6
27	0.6
280	1.2
103	3.3
133	2.5

旧市町村	現在	震度	人口	世帯数	被害世帯数		全潰率（%）	焼失率（%）
					全潰	焼失		
東京市	都23区		2,079,094	452,404	35,350	300,924	8	67
（東京府北豊島郡）								
南千住町	荒川区	6強	47,447	12,165	1,957	3,638	16	30
三河島町	荒川区	7	21,526	5,456	2,169	1,456	40	27
（神奈川県）								
横浜市	横浜市	6強	403,586	93,986	28,169	62,608	30	67
横須賀市	横須賀市	7	67,668	16,150	7,227	4,700	45	29
鎌倉町	鎌倉市	7	17,573	3,677	2,613	732	71	20
浦賀町	横須賀市	7	19,412	4,115	1,645	148	40	4
厚木町	厚木市	7	4,498	983	486	24	49	2
小田原町	小田原市	7	22,477	4,779	2,915	3,384	61	71
真鶴村	真鶴町	7	3,138	682	233	408	34	60
（千葉県）								
船形町	館山市	7	5,340	1,211	869	340	72	28

※震度は諸井・武村（2002）による

表2-10　関東大震災における大火災の発生地域の被害

しい風が吹いたとの報告があり、天候だけで東京市の大火災を説明することはできない。

ではなぜ、他の市町村に比べて揺れが弱かった東京市で最大の火災が引き起こされたのか。表1-6に示したように、東京市一五区のなかで最も揺れが強い本所区でも、震度は6強で全潰率は二二%である。他の区はすべて6弱と5で全潰率はずっと低い。これに対して東京市の焼失率は意外に高く、神田区、日本橋区、京橋区、浅草区、本所区、深川区ではほぼ一〇〇%に達している。これらの区では木造密集地など、延焼を促進する町の構造が原因で焼失率が高くなったものと考えられる。

区別に詳細をみると、江東地域の本所区と深川区が明治以降、急速に木造密集市街地となったことはすでに述べたとおりである。図1-7の火災動態地図で指摘したように、これらの地域には地震直後から火災が発生し、延焼した場所が多い。一方、隅田川の西側でも地震直後から火災が発生し、延焼したところがある。浅草区北部と神田区西部（西神田）である。

浅草区北部は、明治維新前は吉原遊郭と隅田川からそこへ通じる山谷堀周辺に町屋があった程度で、ほとんどが農村地域であった。このため、安政江戸地震の際には火災はほぼそれらの地域に限られていたが、維新後の市街地拡大によって、まがりくねった農道がそのまま木造密集地の生活道路となり、そのような市街地が北豊島郡の南千住町や三河島町まで広がっていた。これらの地域はもともと沼地で、江戸時代に農地に転用されたところであり、地盤は総じて軟弱である。

一方、皇居の北側の西神田では、神田今川小路（現在の神田神保町）周辺で地震直後から火災が発生している（図1-7）。この地域はもともと大池と呼ばれた沼地で、そこを埋め立ててできた武家地である。中小の武家屋敷が密集していた場所で、明治維新後、そのまま市街地化された。このため、関東大震災でも安政江戸地震とよく似た状況で火災が発生し、延焼した。皇居の周辺には、同じく安政江戸地震で火災が発生した大名小路があるが、この地は維新後すべての建物がとり壊され、建設中の丸の内のビル街と、宮城前広場ならびに日比谷公園となっていたために、関東大震災では焼失地域とはならず、火災から逃れた人々の避難場所となった。

最後に、現在も東京の中心市街地である日本橋区と京橋区の地域は、焼失率は一〇〇％であるが、他の地域とは事情が異なる。表1-6をみると、これら二つの区は震度5で全潰率も低く、地震直後にはほとんど被害がなかった。『安政見聞誌』上巻にある京橋の北方にある南伝馬町三丁目付近の図を見ても、屋根瓦がずれたり軒が外れたりした家や壁にひびが入った土蔵などは多数あるが、全潰した建物はほとんど見当たらない。これらの地域は江戸前島と呼ばれた砂州で、地盤が比較的良いのが理由である。このため、地震直後の火災の発生は少なかったが、強風の影響もあって飛び火などにより、九月一日の夜以降、結局は全区が焼失してしまった。江戸時代からの超過密な町人地のままに明治維新を迎え、明治の市区改正で表通りの市電が走る道路は拡幅された一方で、裏通りに一歩入れば江戸時代さながらの街が広がっていたことが、延焼を食い止められなかった原因である。

以上、江戸・東京の変遷、さらにはその間に発生した大地震に対する被害状況などをみてきた。東京市が関東大震災で大火災に見舞われて、国家存亡の機を招くまでにいたった最大の原因が、道路や公園などの基盤整備を行わないままに、人口集中による木造密集地形成を放置、促進してしまった明治政府の都市政策の誤りにあったことは、誰の目にも明らかである。

引用文献

1　鈴木理生（一九九九）『東京の地理がわかる事典』日本実業出版社、全271頁
2　斎藤誠治（一九八四）「江戸時代の都市人口」『地域開発』240号、48－63頁
3　内閣府中央防災会議・災害教訓の継承に関する専門調査会（二〇〇四）『1657 明暦の江戸大火報告書』、全69頁
4　東京都墨田区役所（一九五九）『墨田区史』、全1807頁

5　東京都江東区役所（一九五七）『江東区史』、全1740頁
6　内務省社会局（一九二六）『大正震災志』上巻、全1236頁
7　品川区（一九七六）『品川区史』続資料編（二）、全725頁
8　竹内六蔵（一九二五）「大正十二年九月大震火災に因る死傷者調査報告」『震災予防調査会報告』第100号戊、229－264頁
9　宇佐美龍夫・石井寿・今村隆正・武村雅之・松浦律子（二〇一三）『日本被害地震総覧599－2012』東京大学出版会、全694頁
10　吉田東伍（一九二三）「江戸の歴史地理」『日本歴史地理之研究』富山房、1－83頁
11　桑原武夫（二〇〇四）『新井白石　折りたく柴の記』中公クラシックス、全368頁
12　中野啓次郎（一九七八）『近世小田原ものがたり』名著出版、全283頁
13　藤原咲平（一九二四）『関東大震災調査報告（気象編）』中央気象台、全161頁
14　北原糸子（一九八三）『安政大地震と民衆』三一書房、全264頁
15　中村清二（一九二五）「大地震による東京火災調査報告」『震災予防調査会報告』第100号戊、81－134頁
16　山下重民（一八八九）「江戸市街統計一斑」『江戸会雑誌』第二冊、18－26頁

第3章　都心を生まれ変わらせた帝都復興事業

（1） 井下清と永田秀次郎

両国の慰霊堂

現在の東京には、第2章で述べたように多くの慰霊碑が残されている。私は以前からこれら慰霊碑や慰霊堂の建立は復興のスタートであると考えている。震災で最愛の人を亡くしたショックは計り知れないものがあるが、同時に残された人々はこの世を生き続けねばならない。慰霊碑や慰霊堂建立には残された人々が亡くなった人々との別れを自覚し、悲しみにけじめをつける役割もあると思うからである。東京で最大の犠牲者を出した陸軍被服廠跡でも震災直後から慰霊堂の建設が取り沙汰された。本章では復興を語るにあたり、まずは両国の慰霊堂から話を始めることにする。

JR総武線両国駅の北側には両国国技館と江戸東京博物館の大きな建物があり、その奥に横網町公園がある。正面入口から公園に入ると東京都慰霊堂がある。この堂は関東大震災による犠牲者約五万八〇〇〇人の遺骨を納めるために、東京市内で最も被害の大きかった陸軍被服廠跡に、昭和五（一九三〇）年に建てられたもので、当初は「震災記念堂」と呼ばれていた。その後、太平洋戦争中の東京空襲で亡くなった方の遺骨も納められ、昭和二六年、現在の名称に改められた。震災、戦災合わせて約一六万三〇〇〇体の遺骨が安置されている。

東京都慰霊堂の回廊の途中に「震災記念堂建設記」と書かれた縦一メートル、横一・五メートルくらいのプレートが掲げられている。プレートの前半部には震災記念堂建設の経緯や重要事項が書かれ、その後に六段にわたって記念堂を建設した財団法人東京震災記念事業協会の関係者五六名の名前が記載されている。日付は事業協会がすべての役目を終えて解散した昭和六年八月である。

後半部の関係者名の一段目には、会長をつとめた歴代の東京市長六名と、顧問として渋沢栄一、後藤新平、阪谷芳郎の三人の名前がある。いずれも政治家、実業家として復興を主導した人たちである。東京震災記念事業協会の設立が決まったのは大正一三（一九二四）年春で、その時点での東京市長は永田秀次郎である。永田の判断で一般からの浄財を集めて慰霊堂建設を行うことになり、昭和五年九月の震災記念堂完成時、再び永田が市長となっていたため、事業協会の最後の会長も永田秀次郎である。

二から四段目には理事の名前が刻まれている。東京府知事、警視総監、東京市会議長、東京商工会議所会頭、東京市助役等が理事であったことがわかる。さらに五段目は五名の監事と建築顧問として建物の設計に携わった伊東忠太、佐野利器、佐藤功一、塚本靖など建築の専門家四名、さらに造園の専門家である本多静六が庭園顧問として名を連ねている。佐野利器は東京帝国大学の建築学教授で「耐震工学の父」といわれる学者であるが、復興にあたっては、後藤新平や永田秀次郎の強い要請を受けて東京市の建築局長も兼任した。

最後の六段目には参事四名と主事五名の名が刻まれ、最後に「ほかに評議員ならびに職員二八〇名」と書かれている。参事の筆頭は東京市社会局長として震災復興にかかわり、のちに初代東京都知事となる安井誠一郎、主事のなかで忘れてはならないのは、震災直後から東京市の公園課長を務めた庶務部主事の井下清である。

被服廠跡の惨劇と井下清

被服廠とは、軍帽、軍服や兵隊の身の回り品を製造、調達、保管する機関である。陸軍の被服本廠は図3－1に示すとおり、現在の横網町公園や江戸東京博物館ならびに国技館の敷地の一部を含む広大な敷地に大正八（一九一九）年まであり、その後赤羽に移転した。その跡に樹木もほとんどない二万坪（約六万六〇〇〇平米）にもおよぶ広大な空き地が「被服廠跡」として残された。二万坪のうち北側の六〇〇〇坪（約二万平米）を東京市が公園として整備し、残りは学校用地や社会事業用地などとして使う計画が進行していた。その矢先に起こったのが関東大震災であった。

地震直後から火災が各所で発生した本所区のなかで、広大な空き地であったこの地は最後に火災に襲われる地域となった。火災が隅田川を挟んだ向こう側の蔵前の川べりに到達したのが午後四時頃、さらに北から、東から、南からと、ほぼ同時刻に火災が同地へ押し寄せてきた。その一時間以上前から、被服廠跡には四万人近い人々が家財道具など多くの荷物をもって逃げ込み、場内は立錐の余地もない状況になっていた。午後二時頃に撮影された写真をみると、避難者には婦女子や老人が多く含まれ、彼らの顔には一様に安堵の表情さえうかがえるが、彼らの置かれた環境はまるで山積みされた燃料のすき間に身を置くようなものであった。そうこうするうちに、火が次々に家財道

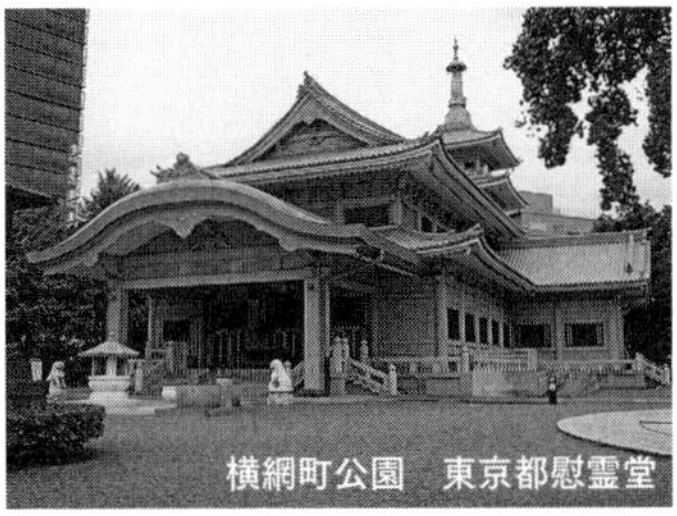

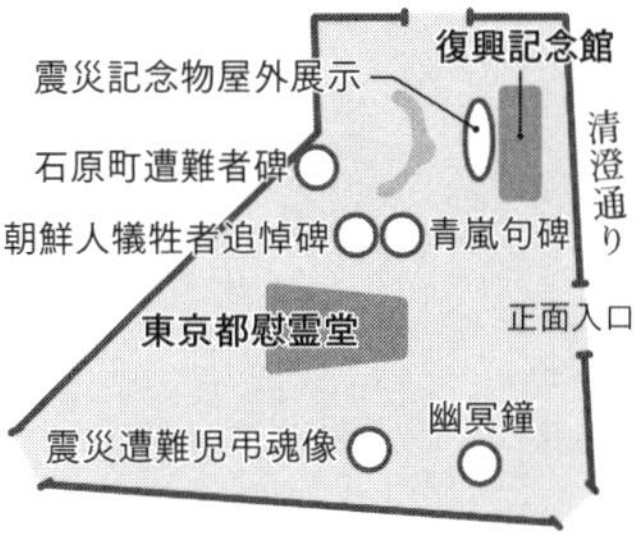

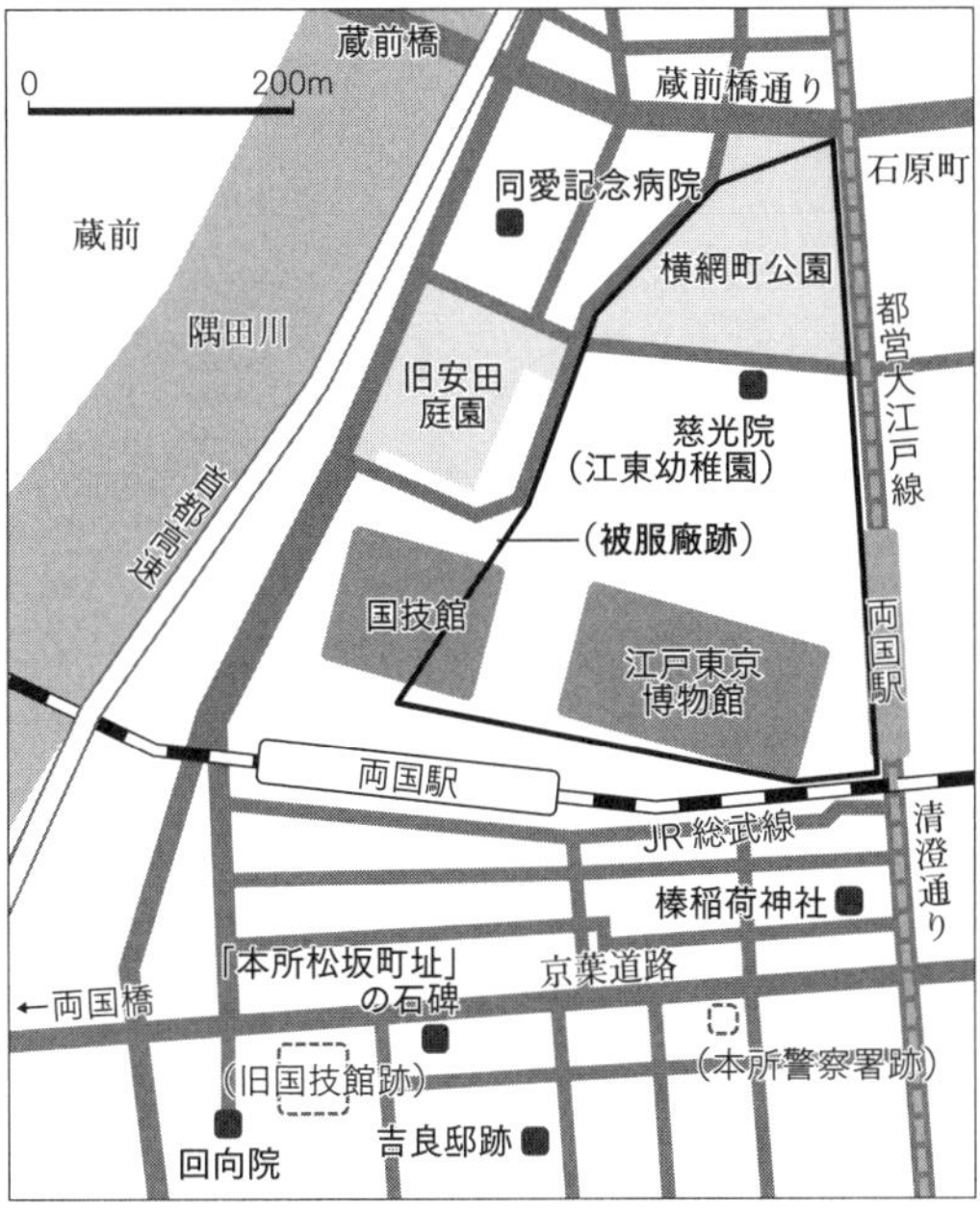

図3-1　東京都慰霊堂、ならびに横網町公園内の建造物配置と周辺地図

具に燃え移り、火災旋風（火災により発生する竜巻）にも襲われ、ほぼ一時間のうちに避難者のおよそ九五％が命を落とすという前代未聞の惨劇となった。

当時、井下清は市役所の公園課の職員で、被服廠跡の一部は公園の予定地であったことから、地震の揺れがひとまずおさまるとすぐに被服廠跡に駆け付けた。すでに人々は跡地に集まり始めていたが、混雑はしていなかったので、これなら大丈夫と思い、つぎつぎに別の公園の様子を見て回った。ところが夕刻になってこの地にもどった井下は愕然とした。被服廠跡には大量の死者の山が築かれていたのである。[1]

その後すぐに直面した課題は、これらの遺体（本所相生警察署調べで三万八〇一五体）をどのように処理するかであった。周辺部のものも含めて九月八日までに被服廠跡で検視を終えた遺体は四万四〇〇〇体余りにおよんだ。被服廠跡が公園予定地を含んでいたことから、井下は公園課長として遺体を荼毘に付す責任者となった。

井下は震災前すでに助役の池田宏に認められ、わが国最初の公園墓地である多磨墓地（現在の多磨霊園）を大正一二年四月に完成させていた。井下には生命の重さや人間の尊厳への深い思いがあり、今でいう「ゆりかごから墓場まで」の思想があった。被服廠跡で積み上げられた遺体を焼却する様子を目の当たりにして、一層そのことを強く感じたに違いない。震災記念堂に付帯する庭園もこのような気持ちをもって建設されたものと思われる。他の自治体では通常、人間の死体を不衛生物として衛生部局が葬送関連行政を行うが、東京都では現在も公園部局が葬送関連行政を担っている。井下のこのような思想に立脚してのことであろう。[2]

ところが、井下の試練はこれで終わりではなかった。その後、第二次世界大戦の空襲で亡くなった人々の遺体八万体を三〇ヵ所の都立公園に仮埋葬し、後日遺族に引き渡すという作業の陣頭指揮もとった。それを最後に昭和二一（一九四六）年に東京都を定年退職し、翌年からは東京都慰霊協会常務理事に就任、さらに昭和四二年に理事長となった。その間、GHQの管理下での制約を受けつつも、空襲による一般市民の犠牲者の慰霊に尽力した。まさに人間の尊厳を護るための一生であったといえる。そんな井下清が関東大震災後の帝都復興事業で手掛けたのが、後で述べる五二の復興小公園の整備であった。

東京市長　永田秀次郎

『帝都復興秘録』という書籍がある。[3] それによれば、永田秀次郎は市長として避難民の食糧確保などに忙殺されるなか、九月六日に被服廠跡を訪れた。惨状を目の当たりにして、死骸を一日も捨て置くことはできないと考え、その場で焼く決意をしたのだという。

被服廠跡は臨時の火葬場となって露天での火葬が始まり、終盤になって重油炉を設け、作業が進んだ。その結果、約五万体が荼毘にふされた。作業は九月六日から一五日まで延べ三七〇〇人の作業員を督して行われた。露天での火葬の結果、高さ一〇尺（約三・三メートル）の白骨の山が築かれたといわれている[4]（図3－2）。このような状況を見かねた水戸の篤志家が遺骨収容のために大瓶七〇を寄贈し、それでも収容できない遺骨は粗末な木箱十数個に納められた。震災一ヵ月を経て仮納骨堂のバラック建設が始められ、一〇月一九日に府市合同の四十九日法要が営まれた。その後も仮納骨堂への参拝者は絶えず、場内には各宗各派団体の出張所が軒を接し、被服廠跡はあたかも

図3-2　被服廠跡での白骨の山（北原糸子『写真集関東大震災』吉川弘文館［2010］）

各種宗教の総合霊場の体であった。

その間にも、大仏建立の提案、記念施設と慰霊堂を合築すべきかどうか、また惨禍の地から別に移して祀るべきではないか等さまざまな議論があったが、翌大正一三（一九二四）年二月、永田秀次郎は慰霊施設が必要との見地から、「震災記念堂」の建設に関する調査研究を市長として正式に命じ、五月に東京震災記念事業協会の設立が決定されたのである。

永田秀次郎は東京市長として多数の遺体処理や慰霊のための最高責任者を務める一方で、個人として名前もわからないのでは犠牲者は救われないとの感情から、すべての震災死亡者の霊名を永久保存したいと考えていたという。『帝都復興秘録』においても、震災で亡くなった方に対して特殊な責任を感じるのは、死骸の始末や自分の側に横たわる死骸を多数目撃したことによって死んだ人に対する特殊な感情が生まれたためであると述べている[3]。犠牲者の霊を慰めるため、和歌山県の高野山金剛峰寺の奥之院に、私財をなげうって霊名簿を納めた霊牌堂を建立したのもそのためである。

永田は後藤新平の信頼が厚く、大正八年に後藤が市長になった際に池田宏や前田多門とともに助役に抜擢された。さらに大正一二年五月には後藤の後任として東京市長を託された。就任後まもなく遭遇したのが関東大震災で、「震災市長」として市民からの人望も厚かった。

永田は、みじめな東京の姿を目の当たりにして、復興をやり抜く覚悟であった。そのことは、後で述べる第四七臨時議会で国の帝都復興事業予算が大幅に削られた直後の、一二月二五日の東京市会における議員向け発言にもよく表れている。

冒頭、政府より出された復興予算が、議会で一億円以上も削減されて約四億六八〇〇万円で確定したことについて、それまでの削減も含め、東京市として国に対し建議をはじめさまざまな意見を述べてきたと遺憾の意を示し、ついで、震災によって税収が激減するなかで、この削減によって今後五ヵ年で約三億円（約一・五兆円）が必要になるとの窮状を訴えた。その上で、今後も国と粘り強く交渉し、この難局を打開して、何としても土地区画整理事業をやりぬく決意だと述べている。最後に「真実の困難なる事業は今日から始まると思うのであります。……どうか十分のご後援を得て共に東京市の復興の為に努力致し度いと考えるのであります」と結んでいる。[5]

市民諸君に告ぐ

東京市会での永田市長の決意の背景には、震災で非業の死を遂げた人々に対して、生き残った者として責任を果たさなければならないとする強い思いがあったように思われる。

帝都復興事業で行われた土地区画整理は、一九世紀のパリ改造に勝るとも劣らない既成市街地を対象とする大規模なもので、実施にあたっては住民の猛烈な反対もあったが、これに対し永田は先頭に立って、佐野利器らとともに住民の説得に務めた。その決意の一端と、市民への深い愛情を感じる演説（大正一三年三月二七日）が残されている。[6]題して「区画整理に就て市民諸君に告ぐ」。紙面の関係上すべては掲載できないが、抜粋を以下に紹介する。

　我々東京市民は今やいよいよ区画整理の実行に取かからなければならぬ時となりました。……第一に我々が考えなければならぬ事は、この事業は実に我々市民自身が為さなければならぬ事業であります。決して他人の仕事でも無く、また政府に打任せて知らぬ振りをして居るべき仕事では無い。……

　我々は何としても昨年九月の大震火災に依って受けた苦痛を忘れる事は出来ない。父母兄弟妻子を喪い、家屋財産を焼き尽し、川を渡らんとすれば橋は焼け落ち、道を歩まんとすれば道幅が狭くて身動きもならぬ混雑で実に有らゆる困難に出遇ったのである。我々は如何なる努力をしても再びその様な苦しい目に遭いたくは無い。また我々の子孫をして如何にしても我々と同じ様な苦しみを受けさせたくは無い。之が為には我々は少なくともこの際において道路橋梁を拡築し、防火地帯を作り、街路区画を整理せなければならぬ。若し万一にも我々が今日目前の些細な面倒を厭って、町並や道路をこの儘に打棄て置くならば、我々十万の同胞は全たく犬死した事となります。……我々は何としてもこの際、禍を転じて福となし、再びこの災厄を受けない工夫をせなければならぬ、これが今回生き残った我々市民の当然の責任であります。後世子孫に対する我々の当然の義務であります。

永田らが区画整理の必要性を一生懸命に民衆に向かって説いたのが功を奏し、冒頭の「まえがき」で述べたように巷では「コノサイソング」が流れ、震災を被り苦しい状況のなかで住民もこの際だからと立ち上がったのである。[7]

横網町公園には昭和二七年九月一日に震災三〇年を記念して建てられた「晴嵐句碑」と呼ばれる顕彰碑がある。「晴嵐」は永田の俳号で、「焼けて直ぐ芽ぐむちからや棕梠《しゅろ》の露」という句が刻まれている。背面にはこの句について「これは永田秀次郎氏が、大正十二年東京市長就任後まもなく遭遇した、大震火災の混乱悲惨をきわめる焦土のさ中にあって、再建に奮いたつ市民の意気に感激し、復興と題してよんだ句である」と書かれている。

井下清や永田秀次郎の行動に見られるように、帝都復興事業の根底には、為政者の震災犠牲者に対する強い責任感と深い人間愛があったことを指摘しておきたい。

（2）帝都復興事業の始まり

後藤新平と復興計画

後藤新平は当時日本の植民地であった台湾の総督府民生長官、初代満鉄総裁、第二次桂内閣で逓信大臣・初代鉄道院総裁、寺内内閣で内務大臣などを歴任した政治家である。大正九(一九二〇)年一二月から東京市長となり、大正一二年五月に永田秀次郎に後を託し、晩年に迎えたのが関東大震災であった。

東京市長時代の後藤は科学的調査に基づく市政の刷新を掲げ、市長就任の翌年に「東京市政要綱」を示して、共同溝の新設、街路の新設、下水の改良、港湾の修築、公園の新設などの八億円計画を発表した。国家予算が一五億円ほどの時代で、いわゆる「後藤の大風呂敷」といわれた。ところが、この東京市政要綱は震災後の帝都復興計画の下敷きとなった。後藤はさらに政策立案のため佐野利器などの学者や実業家を顧問に招き、大正一一年二月には財団法人東京市政調査会(現在の公益財団法人後藤・安田記念東京都市研究所)を設立した。これはアメリカのニューヨーク市政調査会をモデルとしたもので、専務理事でもあったチャールズ・オースチン・ビーアドにも指導を仰いだ。

震災直前の八月二四日、第二一代総理大臣の海軍大将加藤友三郎の突然の死去を受けて、同じく海軍大将の山本権兵衛に次期総理大臣の大命が下った。加藤友三郎内閣に引き続き超然内閣となる山本は、組閣にあたり立憲政友会総裁の高橋是清と憲政会総裁の加藤高明に入閣を求めた。ところが高橋からは断られ、加藤高明は自身の入閣は否定したが、党としては協力するとの回答であった。[3]そのようななかで九月一日に地震が発生したのである。

地震の翌日、後藤は山本邸を訪ねて組閣を促し、その足で井上準之助を訪ね、躊躇してはいられないと大蔵大臣になるよう説得した。山本もできうる限りの閣僚をそろえ、午後七時半、東宮御所であった赤坂離宮の広芝御茶屋にて、金屏風を立て燭台の灯りの下で、摂政宮（のちの昭和天皇）による第二次山本内閣の親任式が行われた。その様子は和田英作画伯による「震災内閣新任式之図」と題された油彩（御物）にみることができる。

新任式後すぐに内閣は遷都をしないで東京を復興することを決めた。内務大臣に就任した後藤は、①遷都はしない、②復興費は三〇億円、③欧米でも最新の都市計画を採用して、わが国にふさわしい新都を建設する、④新都計画実施のため、地主に対しては断固たる態度で臨む、という基本方針をつくり、九月一二日には遷都を否定する「帝都復興に関する詔書」が発せられた。

その間、内務省都市計画局において二〇年で四一億円という壮大な復興計画の第一案が作成された。さらに九月二七日には帝都復興院（後藤総裁）の官制が定まり、計画案を引き継ぎ、一〇月一八日には復興計画の骨子として五カ年継続事業で概算一三億円の甲案と、同じく九・六億円の乙案がまとまった。これらをもとに後藤は二四〜二七日の閣議で一三億円の案を報告した。その後一一月一〜九日に各省次官や東京府知事、東京市長などで構成される参与会の意見を聞き、一五〜二一日に修正された計画案を政界、実業界、学識経験者による評議会に諮詢した。この段階での計画は一五億円ベースで、焼失地域を越えて東京・横浜の都市計画区域におよんでいた。[8]

ところが、この後に行われた大蔵省との折衝で、大蔵大臣の井上準之助から当時の国家財政の状況を鑑みての理詰めの予算額提示があり、復興院もこれを認めざるをえず、帝都復興事業費は七億二〇〇万円となる。これにより、事業範囲はほぼ焼失地域に限られることになった。

　次に一一月二四～二七日の第二回、第三回の帝都復興審議会に、政府原案ならびに関連法案が諮問された。ところが審議会の反応は厳しく、委員諸氏から政府弾劾演説が行われる始末となった。後藤や井上は弁明に努めたが理解は得られず、委員の一人であった渋沢栄一のとりなしで特別委員会を設けて議決の延期こそ免れたが、予算案は大幅に減額を迫られた。[5] これによって政府案は五億九八〇〇万円となり、第四七臨時議会に上程されることになる。

名前	肩書	年齢
山本権兵衛	伯爵　内閣総理大臣	71
後藤新平	子爵　内務大臣	66
井上準之助	大蔵大臣	54
（内閣の全大臣、以下略）		
伊東巳代治	伯爵　枢密顧問官	66
市来乙彦	日本銀行総裁	51
渋沢栄一	子爵（財界重鎮）	83
青木信光	子爵　貴族院議員	54
江木千之	貴族院議員	70
和田豊治	貴族院議員	62
高橋是清	子爵　政友会総裁	69
加藤高明	子爵　憲政会総裁	63
大石正巳	元衆議院議員	68

※年齢　数え年－1年

表3-3　帝都復興審議会のメンバー

　帝都復興審議会は九月一九日に官制で定められ、第一回目は九月二一日に開催されていた。それによれば、会は元老や両院、財界などの有力者と閣僚全員で構成され、内閣総理大臣が総裁を務めることになっていた。表3-3にメンバーを示す。会の目的は「内閣総理大臣の諮詢に応じ帝都その他の震災地の復興に関する重要案件を審議する」こととされ、内閣総理大臣に建議する権限をもち、メンバーはすべて大臣格とされた。

　第四七臨時議会は一二月一〇日に召集された。政府案は一三日から衆議院で審議されたが、地主層に支持をもち、衆議院で多数を占める政友会の反対で再び修正された。事業費は四億六八〇〇万円となり、貴族院も通過して二四日に予算が決定された。貴族院では大蔵大臣や東京市長も務めた阪谷芳郎などが修正に反対したが、通らなかった。これによって、一二間（二二メートル）未満の補助線街路の整備や土地区画整理は全面的に地方負担でやることになり、復興院の廃止も決定された。先に述べた二五日の東京市長永田秀次郎の市議会での発言は、この結果を受けてのものである。

後藤の周辺には解散総選挙を唱える声もあったが、後藤は窮迫する市民の現状を鑑みて忍び難きを忍ぶとして、修正された帝都復興計画を甘受した。またさらに不幸なことに、一二月二七日には第四八帝国議会の開院式に向かう摂政宮に二五歳の難波大介が発砲するという「虎ノ門事件」が発生し、その責を負う形で一二月二九日に山本内閣は総辞職に追い込まれた。

後藤新平の故郷である岩手県奥州市水沢の後藤新平記念館に残る自筆日記やメモをみると、一二月二四日を最後に後藤の日記からメモが消え、別の日記帳では前後の頁が引きちぎられているとのことである。[9] 当初描いた帝都復興が実現しなかったことに対する後藤の心中は察するに余りあるものがある。

予算削減の理由

表3－4に帝都復興事業予算決定の経過をまとめた。復興院による予算が三度にわたって削減されていることがわかる。その理由について考えてみる。

大正12年	
9/1	地震発生。
9/2	山本権兵衛内閣成立。(内相:後藤新平、蔵相:井上準之助) 就任直後、後藤は①遷都はしない。②復興費は30億円。③最新の都市計画を採用して、わが国にふさわしい新都を建設する。④新都計画実施のため地主に対しては断固として臨むことを宣言。
9/12	「帝都復興に関する詔書」が発せられ、東京の復興が決まる。
9/7-10	内務省都市計画局で山田博愛を中心に第一案作成。
9/27	復興院官制発布(後藤総裁)で計画は復興院に引き継がれた。
10/18	**復興院案:甲案(13億円)** **:乙案(9.6億円)**
10/24-27	後藤が13億円で5ヵ年継続を閣議に報告。
11/1-21	参与会、評議会で審議した結果、15億円ベースで大蔵省と折衝。
11/21	**大蔵省、予算総額決定(7.0億円)**。その他復旧・火災保険(総額15億円)。
11/24-27	第2、3回審議会(伊東巳代治、高橋是清〔政友会〕、渋沢栄一など)反対。 **予算案修正(6.0億円)**:焼け跡に限定。減歩導入で区画整理断行。
12/10-24	第47議会(政友会が反対、大幅削減)。
12/24	**第47議会決定(4.7億円)**:12間未満道路、区画整理は地方へ、復興院廃止。
12/27-1/7	虎ノ門事件、山本内閣総辞職、清浦内閣成立。
大正13年	
6/11	第二次護憲運動で憲政会加藤高明内閣成立(蔵相:浜口雄幸)。
7/1	**第49議会決定(5.7億円)**:その後、約6.6億円まで増加。

表3-4 帝都復興事業予算決定の経過

まず、復興院による一五億円ベースの予算要求に対する大蔵省の回答は明快である。大蔵省としては、帝都復興は単に東京、横浜の街の復興のみならずその近郊や各省の建物などすこぶる多額にわたると考えて、その総経費を一五億円内外と見積もり、うち七億円をもって帝都復興費、六億円をもって各省所管の復旧事業費、残り二億円は火災保険の支払いに対する各保険会社への貸付金に振り向けると考えていた。[5] 火災保険については現在と同様に地震に起因する補償は対象外と約款に定められていたが、不払いが社会問題化し、政府から助成金を借りた上で見舞金を払うということに決着していた。
震災当時の国家財政は窮乏状況であった。第一次世界大戦後のシベリア出兵やその後の景気後退に対し、政友会と組んだ寺内内閣、日本で初めての本格的な政党内閣とされる政友会の原敬や高橋是清の内閣による積極財政策の結果、公債が増発され、その結果、残高は四三億円に達する状況であった。それに追い打ちをかけたのが震災で、大正一二年度の国家予算一三億七〇〇〇万円に対し、租税減収は一億三〇〇〇万円と見積もられた。井上準之助は『帝都復興秘録』のなかで当時を思い出して以下のように述べている。

とにかく大正一三年度の予算を一つ拵えて見て、そこで出来るだけ歳出を減しまして、減った歳入に応じて歳出をウンと減してそこで幾らか剰余金をズット続けて毎年度出して、それを公債の利払に充当しよう。それを利息として五分の割合で元金を割出して見よう。そうすると公債が何億募れるかということが出て来る。東京の復興計画の大きさはそれより以上にはどうしても出来ない。即ち公債に依って復興計画は立てるけれども、復興計画の公債の利払だけは普通の歳入の剰余で払えるようにするということが、あの時考えた最高極度の案だったのです。

その結果、復興予算として七億二〇〇〇万円が提示されたのである。井上も後藤と同様に、大東京建設に絶好無二の機会であることはよく理解し、国力の許す範囲で大規模な復興計画を立てようとしていたことがわかる。

これに対して、帝都復興審議会の対応は多少趣が異なるようである。まず一一月二四日の第二回委員会の冒頭から、貴族院議員の江木千之、枢密顧問官の伊東巳代治、元衆議院議員の大石正巳らが次々と政府への弾劾演説ともとれる発言をした。[5] 特に伊東は三時間にもわたって意見を述べたてた。九月一二日に出された「帝都復興に関する詔書」の起草者でもある伊東は、『帝都復興秘録』のなかで、政府の復興計画案を見て演説に至った心境を以下のように述べている。

> 意外にも、ステート（国家）の経営に属する事項、すなわち軍事国防、教育、通信交通機関、官庁舎等の方面の施設に関する立案用意は、少しも整わず、唯東京、横浜の復興だけを講じ様という案のみであったので、自分は、非常に意外に思った。この大変災に依て、失われた国家の造営物にして、直に回復を要するものを、忘れるというのでは、飛んでもないと思った。

審議会は二五日、二六日に特別委員会を設けて議論を重ね、第三回を二七日に開いて、伊東が委員の意見を忖度してまとめた一〇ヵ条の協定案及び二ヵ条の希望条件を可決して終了した。なお、渋沢栄一は産業振興のために、持論でもあった東京築港と京浜運河建設を支持したが、江木千之らの強い反対に遭い、第七条にある「震災復興事業中より切り離す」ということに同意せざるをえなかった。

このように審議会が紛糾した原因としては、復興予算の範囲と規模、土地の私有権制限の憲法上の問題などがあるが、最大の原因は、結局、第一〇条に関連し、「復興計画の根本機関たる復興院を創立する時において我々審議会に諮問せず、政府の独断を以て決したるに拘わらず、今に至って突如復興法案を提出して吾々に諮問するが如きは本末転倒も甚だし」という委員全員の一致した意見にあったように思われる。九月二一日の第一回審議会において、帝都復興院の設立を諮問しなかったことが仇となったのである。

さらに後藤新平について伊東は、『帝都復興秘録』のなかで、「伯は常人から見ると、レールを外れた様に見ゆる事もあったが、実に奇想天外より落つる底の人であった。詔勅の御趣旨を体して復興の実を挙ぐるの計画を立てるにははまり役であった」とする一方で、「伯には適当なる補佐役、括り手をつけなければならぬと思った」と述べている。何をするかわからない人という不信感が、年配の有力者に不安を与えたのではないかとも思われる。

最後に削減のとどめを刺したのが、第四七臨時議会での政友会による政府案への反対である。これについて井上は『帝都復興秘録』のなかで、口実は、震災地は一部であって日本全国ではないにもかかわらず、その復興を全国民に負担させるのは不都合だとするものであるが、本音は我々の内閣に対する反感であったと述べ、「一体超然内閣の分際であゝいう厖大な計画をするのは間違って居る」という高橋是清の議会後の発言を紹介している。その後、政友会は山本内閣の総辞職後、成立した超然内閣の清浦内閣に対する支持・不支持を巡って分裂し、不支持派は憲政会と組んで大正一三年六月には加藤高明内閣に参画し、政権与党となっている。一方、憲政会は第四七臨時議会の審議では政府案の賛成にまわった。先に述べたように高橋是清と加藤高明は審議会の委員でもあったが、伊東の協定案に対し、「異議はないが対外的の束縛を受けることは絶対に御免蒙る」と発言している。[5] これに対し渋沢は、我々には意見をいえるのはこの場しかないとたしなめている。政党内での権力争いや、議会そのものが政権与党になりたいとする政党同士の駆け引きの場であるということは、今も昔も変わらない現実である。

陰の立役者　井上準之助

以上、復興予算成立の経過をみると、井上準之助の考えに従った政府原案が、結局、帝都復興事業の最善の落としどころではなかったかと思えてくる。その後、内閣は次々と交代するが、井上が考えた案は大蔵省で引き継がれたようである。井上は昭和四（一九二九）年七月から浜口雄幸内閣で再び大蔵大臣となっている。『帝都復興秘録』の井上談は昭和五年二月二七日の座談会のことであり、その時点で復興予算は六億六〇〇〇万円まで増やされたと述べられている。[3]

第四七臨時議会で減額の末に成立した予算には、もし地方自治体の財政状況がこれに堪えない時は国がその費用を貸付または補助するという趣旨も盛り込まれていた。[5] これをもとに内務省の復興局（帝都復興院は大正一三年二月二五日に廃止）は、加藤高明内閣（蔵相は浜口雄幸）のもとで、追加予算を大正一三年六月から始まる第四九特別議会に提出した。その結果、予算外国庫から一億五〇

○万円の追加が認められ、これによって東京市、横浜市は、地方がやるべきとされた土地区画整理ならびに補助線街路の整備の予算をある程度確保できたのである。[10]

井上はまた、各省所管の復旧事業費について、第四七臨時議会には提出のいとまがなく、大正一三年初頭の通常議会に帝都復興事業の政府原案予算とほぼ同額を出そうと思っていたところ、先に述べたように突如として山本内閣が総辞職に追い込まれ、次に大命が下った清浦内閣もわずか五ヵ月で総辞職し議会が解散したために、次の加藤高明内閣のもとで大正一四年の通常国会に六億六〇〇〇万円で予算案を提出し、結局復興・復旧予算は合計で一三億二八〇〇万円になったと述べている。[3]

表3-5は、横網町公園の復興記念館にある「東京復興事業の費用は七億二千四百五十萬円」という展示用パネルに書かれた数値から、東京市における帝都復興の最終事業費をまとめたものである。東京市に対する国の事業費は約

国の東京復興事業費

項目	事業費
国執行復興費	306,987,465
府市貸付金	59,826,698
府市補助金	154,800,213
防火地区補助	32,270,000
市債利子補給	19,250,394
合計	573,134,770

東京市の復興事業費

項目	東京市	東京府	府市合計
国の補助金	147,218,358	7,583,506	154,801,864
国の貸付金	47,077,000	12,749,698	59,826,698
市（一部府）負担	149,029,256	2,343,624	151,372,880
合計	343,324,614	22,676,828	366,001,442

市債（『帝都復興事業概観』［1928］）	**132,483,393**
東京市復興費合計	**724,507,650**

表3-5　最終的な東京市復興費（復興記念館パネルより作成）

五億七三〇〇万円で、東京市（一部東京府）の負担の一億五一〇〇万円を合わせて、全体で約七億二四五〇万円であったことがわかる。横浜市に対する国の事業費は約九〇〇〇万円であることから、国の復興に対する総事業費は井上が増やされたとする六億六〇〇〇万円とほぼ一致する。井上による政府の予算原案の七億二〇〇万円と比べ遜色のないレベルで復興事業が行われたことがわかる。原案に比べ京浜運河建設費の全面削除と国が東京・横浜で直接行う事業の減額がある一方で、国から地方への補助金や貸付金が増額され、さらに不足分が市債によって賄われたことがわかる。

井上は『帝都復興秘録』のなかで後藤について、帝都復興の事業費を確保するために地方への予算配分を削ろうにも、内務大臣である後藤が知事らの説得に動こうとしなかった。また区画整理についても、後藤は盛んに外国の例を引き合いに出し、取り巻きは土木問題をゴチャマゼにして難しい話をするものだから首相始め閣僚はまったく理解できず、結局自分が説明するはめになった。審議会のお爺さんたちがなぜそんなに広い道路がいるのかと聞けば、いきなり「フランクフルトでは……」とやり出すものだから、フランクフルトが何だとやられる。などと後藤の足らざる点を指摘している。

一方、渋沢も自身の生涯を語った『青淵回顧録』下巻[11]で、東京の復興計画立案に関して「東京は焼けるには焼けても、全然白紙になって居ないし、また植民地の如く新たに計画するのとも異なるから、丁度白紙の上に図を引くような訳には行かなかったのである。……理想的の計画は立派かも知れないが、都会は人間の住む所であるから単に理想にのみ走って、道路、公園などに大なる土地を使用する事などは、余程考えものと思った」と述べ、さらに復興予算についても「金も無いのに計画ばかり立派であった所で仕方がない。分量に応じて計画を樹て、国民に相当した金を借りてやることが当然である。唯漫然として桑港（サンフランシスコ）はこうであったから日本もそうしなければならぬと云うようなことは、之れは真正な智者のやることではない」とも述べている。同時に元通りにするというような考えに対しては「余りに人智の発達を無視した浅墓な考え」とも指摘している。当初、丁寧な説明もなく三〇億だ、四〇億だと途方もない理想的計画をぶち上げたことが、却って味方に付けるべき人々に不信感を与える結果になったのかもしれない。

それでも井上は、『帝都復興秘録』での座談会の最後で後藤について、「あの人が無かったらチョット適当な人はありませぬでした。それは何と言われても道路を是だけ広くして、今日の復興が出来上がった――東京市の財政は困難して居るけれども、とにかく今日の東京市のあるのは、やはり彼の時に思い切ってあれだけやられたからです。あの審議会の時のような事を言い居ったら何にも出来はしません」と結び、居合わせた人々に、帝都復興祭の式典が済んだら、「この復興の最初の計画者たる後藤さんの追悼会をやろうではありませぬか」と呼び掛けている。後藤は帝都復興事業完成（帝都復興祭は昭和五年三月二五日に行われた）を見ずに前年に他界していた。帝都復興事業では後藤新平に光が当てられることが多いが、後藤を理解し、政治的・経済的困難のなかで帝都復興事業を実現させた陰の立役者は、井上準之助ではなかったかと思われる。

（3）土地区画整理と道路

国と東京市の連携

東京における帝都復興事業は、大正一三年から足かけ七年にわたり、総額七億円余り（約四兆円）をかけて実施された。そのうち、特に事業の柱となったのが道路建設とそれに伴う土地区画整理である（図3-6）。

焼失区域には、二二～七三メートルの幅員を有する大小幹線街路五二線（総延長一一七キロ）と、補助線街路一二二線（総延長一三九キロ）がつくられた。また、土地区画整理による幅員三メートル以上の街路の総延長は六〇五キロにもなる。さらに橋梁四一七橋、河川運河一四線、浜町、隅田、錦糸の三大公園を始め、五二の復興小公園も順次設けられた。その他、復興小学校の建設、上水道、下水道、塵芥処分施設や、市電を含む電気事業施設、病院、築地の中央卸売市場や社会事業施設などの建設が行われた[12]。

当初、今日でいう縦割りの弊害を避けるために、後藤新平が総裁となって内閣総理大臣の下に帝都復興院が立ち上げられ、東京および横浜の復興計画策定に当たらせたが、先に述べたように帝都復興審議会や帝国議会の反対によって帝都復興院は廃止せざるをえなくなった。このため、復興事業の執行機関として、新しく内務省の外局に内務省復興局が新設された。同時に事業も国と地方団

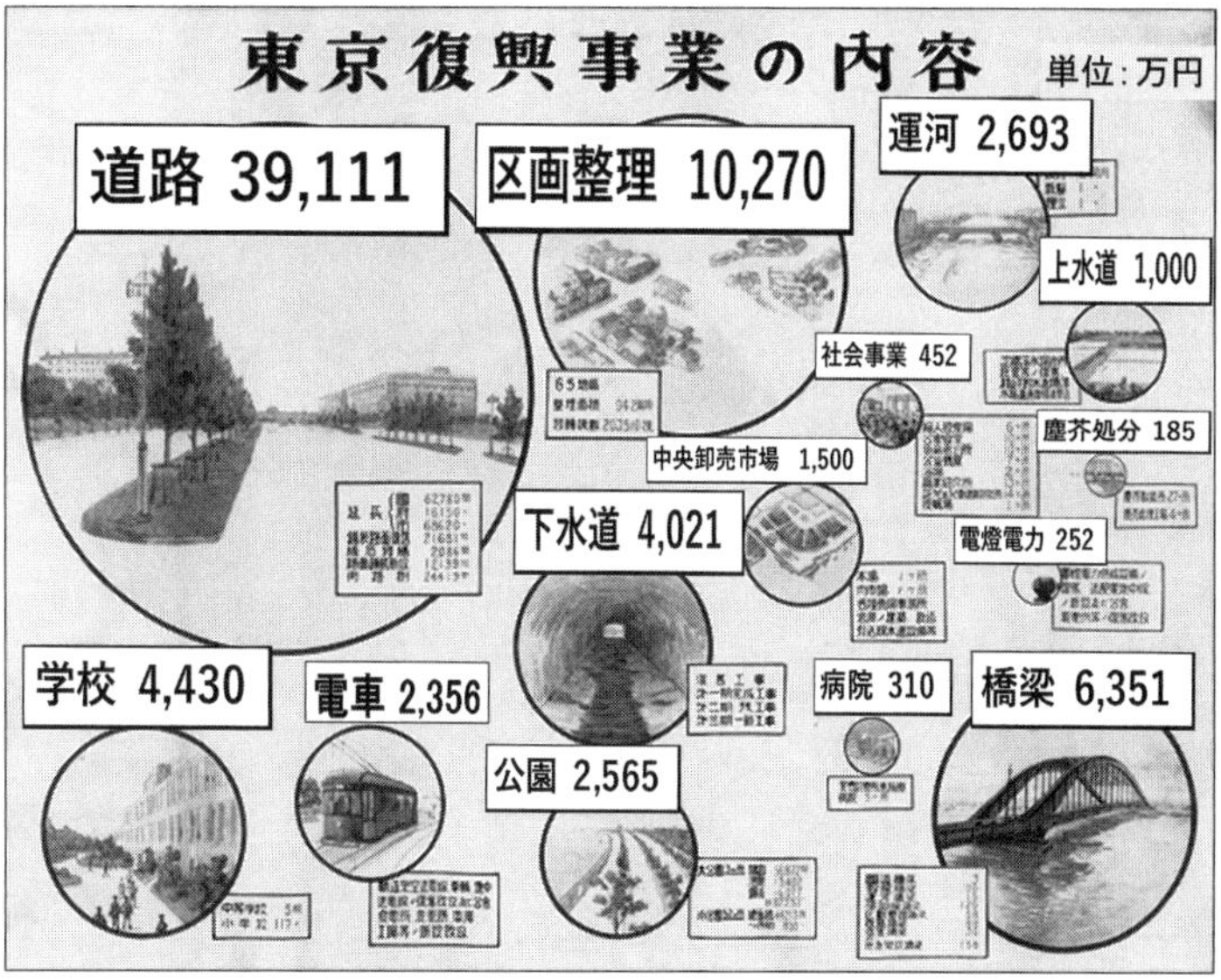

図3-6　東京復興事業の内容（復興記念館パネルに加筆）

体との間に配分して実施されることになった。

　内務省復興局には長官の下に、整地部、土木部、建築部、経理部の四部が置かれ、たとえば土地区画整理は整地部と建築部の庶務課が、道路、橋梁、運河、上下水道などは土木部が、公園は建築部の公園課が担当した。また、本局各部課の統括の下に、東京に四ヵ所、横浜に一ヵ所の出張所を設け、施行区域全体を分割して、受け持ち区域内の事業に当たることにした。さらに国担当の隅田川六橋の架橋工事に対しては隅田川出張所が設けられ、他に各種工事材料の試験に関する仕事を行うための復興局技術試験所が設立された。隅田川出張所を含む東京の五出張所はそれぞれ人員七〇〇〜八〇〇人規模の体制で組織された。[10]

一方、東京市は復興事業の実施に当たる各事業局課を大幅に拡張するとともに、土地区画整理の施工と復興事業の連絡統一を図るために復興事業局を設け、復興事業局は土木局とともに市内数ヵ所に出張所を設けた。国と市のそれぞれの執行事業について相互の連絡と統一を図るために、復興局出張所長が東京市復興事業局出張所および東京市土木局出張所の所長を兼ねることにした。

第四七臨時議会の決定では、土地区画整理は地方がすべて負担してやることになったが、その後、国の予算の復活で国庫補助と貸付が行われ、地方の費用負担が軽減された。さらに東京市においては六五の整理施工地区のうち一五地区を復興局が担当することになり、加えて、東京市担当の五〇地区のうち二〇地区で復興局の出張所が市の事務を助成した。短期間に行わなければならない土地区画整理がいかに困難な事業であったかがわかるとともに、東京市はもちろん国においても、東京を欧米の街にも負けない首都とすべく、事業達成に並々ならぬ覚悟をもってあたっていたことがうかがえる。

なお復興局は復興祭が行われた直後の四月一日に復興事務局に改組され、昭和七(一九三二)年四月一日に復興事務局も廃止されて帝都復興事業は完全に終了した。

区画整理のやり方

JR山手線の御徒町駅の東方、昭和通りを渡ってすぐのところに御徒町公園(台東区台東四丁目)がある。後で述べる五二の復興小公園の一つであるが、公園内の西側道路沿いの植え込みに

「区画整理完成之碑」がある（図3－7）。この碑に書かれている内容を例に、帝都復興事業で行われた土地区画整理のやり方を説明する。

石碑背面の碑文は「土地区画整理東京第三十一地区は……」と始まるが、これはこの地域が、先に述べた六五の整理施行地区の三一番目の地区ということである。続いて三一地区に含まれる具体的な町名が書かれている。

事業の手順は、まず現況調査として地区の測量が行われ、造るべき道路、運河、河川、公園その他の公共用地の位置を決め、残る土地を地区内にあったすべての宅地の所有者に、所有地面積に応じて割り当てるのである。その際、公共用地が広がる分、宅地面積は減少する。その割合を減歩率《げんぶりつ》という。減歩率が一割までは所有者の無償供与とし、それ以上の分はその時点の土地の価格を考慮して補償の対象とされた。このような方法は、土地区画整理による受益者負担を原則とするドイツのアディケス法に流れをくみ、フランクフルト市に一九〇二年に導入されたもので、後藤新平らによってもたらされたと考えられる。

図3－7　御徒町公園の区画整理完成之碑

一方、日本における従来の市街地における土地区画整理や農村における耕地整理については、たとえば明治四二（一九〇九）年改正の耕地整理法などで、地主が組織する組合によって施行することが原則とされていた。このためすべての手続きを行政官庁が一方的に決めれば、住民側では勝手に決められたという不満が残る。そこで、土地所有者や借地権者から互選によって委員を選び、設けられたのが土地区画整理委員会である。当局は必要事項を土地区画整理委員会に諮問するという形で事業が進められた。碑文中にもある「換地処分」というのは、このような事業の過程で起こる土地の交換分合のことである。一部の住民だけが損をしないよう換地処分案の調整を行うのが、土地区画整理委員会の仕事といってよい。

碑文に引き続いて、土地区画整理委員会の議長以下二二名の委員の名前が刻まれている。その仕事は個人の利益、不利益に直接かかわるものだけに、換地処分が決まるまでには大正一三（一九二四）年三月から昭和四（一九二九）年三月まで五年（五星霜）もの歳月がかかったとも書かれている。完成時、二人の委員は故人となっていたようである。それでも、換地処分が決した時期は他の地区より早かったと記されている。

『帝都復興史』第二巻には、地区ごとの区画整理事業の概要がまとめられている[13]。そのなかで各地区に「陳情及紛議」という項目がある。第三一地区でそれをみると、「整理委員の横暴に依り角地を失ふ」と題する陳情を見つけた。第三一地区は国の担当であるので、復興局への陳情であろう。内容の概略は「従来は五間（約九メートル）道路に沿った角地であったのが、区画整理予定図をみると、角地で無くなっている。これは区画整理委員が職権を乱用して自らの土地を角地にしたためである」というもので、訴えられたのは委員の一人である田村隆三郎である。

これに対し復興局は、現場を担当する第三出張所から報告を受け、設計上従前の位置順序に従って家を移動させたために起こったことで、陳情人を角地に留め置き優遇すれば他の方から不平が起こることは明らかであり、やむをえないことだと陳情者に回答している。このような陳情は他の地区でも数多く提出されたが、特別な場合を除いては同様の回答がなされ、解決されたと書かれている[13]。

一方、同書には、この土地区画整理が「苦難を忍んだ東京市民の大市民的自覚に依ったものである」と書かれている。市民は震災によって家具家財はもとより衣服の末に至るまですべてを失い無一物の状況に陥ったが、いわゆる江戸っ子の気概で復興に努めた。そこへ土地区画整理の実施である。一度建てた家屋は移転によりほとんどその大半を壊さざるをえず、再度建設する必要が生じた。さらに当時は、神社、寺院、学校、区役所、警察署、消防署等いずれも復興に際して寄付をまつ有様であった。

同潤会アパートの起源

東京には平成の頃まで、関東大震災の復興時に建てられた同潤会アパートと呼ばれる建物が各地にあった。最後まで現役として使われていたのは、地下鉄銀座線稲荷町駅近くにあった上野下アパート（台東区東上野五丁目）である（図3-8）。平成二五（二〇一三）年に解体され、今は高層のアパートに建て替えられている。この同潤会アパートができた経緯を調べると、震災後の土地区画整理と深く関わっていることがわかる。[14]

財団法人同潤会は震災後の集団バラックの解消と住宅不足を解消するために、内務省が地方から寄せられた義捐金一〇〇〇万円を交付して、大正一三（一九二四）年五月に設立した組織である。第一の目的は、臨時施設として仮住宅を建設して集団バラック居住者を移転させ、その後、小住宅（一般住宅）の建築竣工とともに彼らを移転収容することにあった。

一方、深川区方面などでは、原住地区に復帰した低所得者層の人々の多くが、区画整理の影響で以前より狭くなった土地に家屋を設けて密集居住する状況が生まれ、震災前に比べて一層はなはだしい不良住宅地が現出することになる。これに対して同潤会は、同地区に共同住宅を建設し、労働者を収容する計画を立てた。これを政府に申請した結果、大正一四年九月に認められて、改善費として二七〇万円が交付された。これによって、ただちに深川区猿江裏町（現在の江東区住吉）と横浜市南太田町（現在の南区南太田）に鉄筋コンクリート三階建共同住宅（アパートメントハウス）を建設し、不良住宅地域を改善することになった。これが同潤会アパートの始まりである。

図3-8　上野下の同潤会アパート（2019年11月撮影）

その後、アパートメントハウスは女子専用、事務所併置などの多様化も行い、家賃の低さも手伝って、低所得者には大変好評であった。結局、昭和八（一九三三）年までに東京市内に一三ヵ所、横浜市内に二ヵ所、同潤会アパートが建設された。最大規模のアパートは、現在の江東区の清洲橋通り沿いにあった清砂通りアパート（六五三戸）である（清洲橋通りの旧称は清砂通り）。

このアパートも現在は高層ビルなどに建て替えられてしまったが、清澄通りとの交差点近くの清洲橋通り沿いには、昭和八年に建てられた鉄筋コンクリート四階建の民間アパートである清洲寮（江東区白河一丁目）がある。外観もきれいで内部は建築当初の様子も保存されており、交通の便の良さも手伝ってレトロ好みの若者に人気のアパートとなっている。また、交差点から清澄通りを南に少し行くと、清澄庭園の東側にそって、東京市が昭和三年に建設した二階建鉄筋コンクリート造店舗付住宅（江東区清澄三丁目）がある。約二五〇メートルにわたって、四三区画に店舗が並ぶ。建設から九〇年以上が経過した今も人気のカフェやギャラリーなどが入居し、現役で活躍している。

地下鉄建設も予測した街路設計

『帝都復興史』第二巻は、震災前の東京市の街路について、大部分は大江戸の遺物で、無系統で屈曲に富み、幅員が狭く、雨天の際はぬかるみ膝を没する有様で、一国の首都としてまことに不満足なものだと指摘し、「国辱街路」とまで書いている[13]。

東京市もこの問題を深刻にとらえ、明治二〇（一八八七）年頃から市区改正計画を立てて街路改造をしようとしたが、遅々として進まなかった。その結果、震災直前の東京市の道路率（市の面積に対する道路面積の比率）は一一・六％でしかなく、ロンドンの二三％、パリの二五％、ウィーンの三五％、ニューヨークの三五％などと比べて大いに劣っていた。[10]

このため、街路事業は帝都復興事業の大きな柱となった。図3-6に示す復興事業費のなかでも道路建設費は三億九一一一万円と最大で、区画整理費が一億二七〇〇万円で続いており、両者をあわせると実に全事業費の六五％にも達している。そのうち幹線街路五二線は国の復興局が、補助線街路一二二線は東京市が建設することになったことは先に述べたとおりである。さらに土地区画整理に伴う中小の街路の幅員を当初は六メートル以下としないという方針も出されたが、さすがにこれは死守できず、日本の家屋の密集状況からやむをえない場合のみ三〜四メートルの街路を例外的に建設することとした。[13] 現在の建築基準法の接道条件である幅員四メートル以上の規定はここからきているのではないかと思われる。

道路の建設に際しては、二〇項目の方針が固められた。そのなかで電車軌道を通す街路は幅員を二二メートル以上と定める一方で、将来高速度鉄道（地下鉄のこと）を通す可能性のあるところは幅員二七メートル以上とすると決められている。後で示すように、幅員二七メートル以上の道路の地下には、現在、主要な地下鉄のほとんどが通っている。帝都復興事業の時点で地下鉄は、現在の銀座線の上野―浅草間（浅草通りの下）が着工していただけで、他はすべて戦後の開業である。さらには、橋詰に広場を設けることから、街角の隅切りや街路に面する宅地の形状にいたるまで細かく定められ、「永久的建築物のなかで被害少きものはなるべくこれを避けて街路に当らしめざること」と、歴史的建造物などに対する配慮も行き届いている。

このようにしてできあがった主要道路二二線の位置を図3－9に示す。名称は東京日日新聞社が

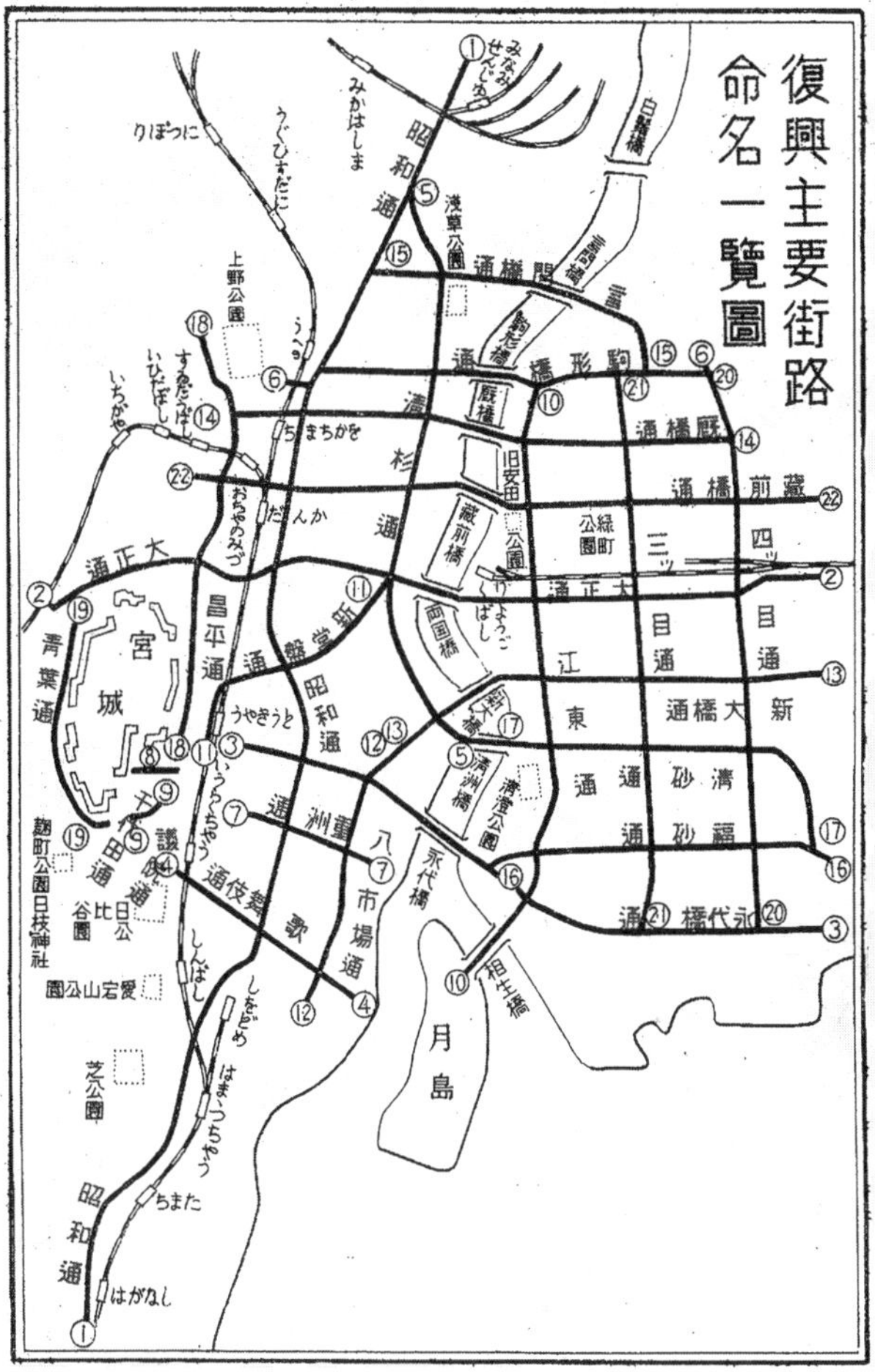

※丸数字は表3－10の名称番号に対応

図3-9　主要道路22線の位置（復興局監修「復興完成記念　東京市街地図」『東京日日新聞』［昭和5年3月15日］付録）

復興局、東京府、東京市の賛助のもとに懸賞募集したもので、二四万三〇〇〇通のなかから選ばれた。丸数字はその際に振られた名称番号である。この番号は復興事業のなかで振られた幹線街路番号や補助線街路番号とは異なるもので、区間も一対一には対応しない場合もある。表3-10には上記二二線の名称、建設当時の最大幅員、対応する現在の道路名、通過する主な橋梁、下を走る地下鉄の現状などをまとめた。四ツ目通(名称番号20号)と三ツ目通(同21号)以外はすべて復興局が建設した幹線街路で、主に対応する幹線街路番号も示した。一方、四ツ目通と三ツ目通については東京市が建設した補助線街路で、( )を付して対応する補助線街路番号を示した。補助線街路のうち幅員が最も広い二二メートルの道路はこの他に、補助線街路番号8の現在の千代田通り・明大通りからお茶の水橋(神田川)を渡るルートがある。その東側には聖橋を渡る幹線街路番号12番の現在の本郷通(最大幅員二七メートル)があり、さらにその東側には表3-10の名称番号18番で昌平橋を渡る昌平通(外堀通り・昌平橋通り)がある。

東京の大動脈となった昭和通と大正通

図3-9や表3-10をみると、現在の東京で高速道路を除くほとんどの幹線道路が帝都復興事業によって生まれたことがわかる。唯一、震災前からあったのは、上野広小路から日本橋を通り、新橋までつづく中央通り(幅員二七メートル)だけである。

新設された道路で最も幅員の広いのは第8号の千代田通で七三メートル、次いで第9号の議院通

名称	幹線	当初名称	区間	最大幅員(m)	現・対応道路名称	主な通過橋梁	地下鉄
1	1	昭和通	品川八ツ山橋－千住大橋	44	昭和通り	江戸橋（日本橋川）	都営浅草線 日比谷線
2	2	大正通	市ヶ谷見附－亀戸町	36	靖国通り	両国橋	都営新宿線 半蔵門線
3	3	永代橋通	呉服橋外－砂町	36	永代通り	永代橋	東西線
4	4	歌舞伎通	日比谷交差点－築地	36	晴海通り	勝鬨橋	日比谷線
5	5	清杉通	清州橋－金杉下町	33	清州橋通り	浅草橋（神田川）	都営浅草線
6	6	駒形橋通	上野公園前－押上町	33	浅草通り	駒形橋	銀座線 都営浅草線
7	7	八重洲通	東京駅東口－越前堀一丁目	44	八重洲通り	亀島橋（亀島川）	
8	8	千代田通	宮城前広場－東京駅正門	73	行幸通り		
9	9	議院通	桜田門外－議事堂前	55	内堀通り		有楽町線
10	10	江東通	相生橋南詰－中ノ郷竹町	33	清澄通り	相生橋	都営 大江戸線
11	11	新常盤通	東京駅北口－浅草橋	27	江戸通り	浅草橋（神田川）	総武快速線
12	5	市場通	築地三丁目－新大橋	33	新大橋通り	茅場橋（日本橋川）	日比谷線
13	29	新大橋通	新大橋－大島町	27	新大橋通り	新大橋	都営新宿線
14	51	厩橋通	湯島天神町三丁目－押上町	22	春日通り	厩橋	大江戸線
15	38	言問橋通	入谷町－中ノ郷業平町	22	言問通り	言問橋	
16	27	福砂通	福住町－砂町	22	葛西橋通り		
17	28	清砂通	清州橋－砂町	22	清州橋通り	清州橋	半蔵門線
18	35	昌平通	永楽町二丁目－不忍池畔	27	外堀通り 昌平橋通り	鎌倉橋・昌平橋 （日本橋川、神田川）	丸ノ内線 千代田線
19	21	青葉通	九段坂上－議事堂前	27	内堀通り		
20	(5)	四ツ目通	東平井町－押上町	22	四ツ目通り	小名木川橋、四之橋 （小名木川、竪川）	半蔵門線
21	(11)	三ツ目通	木場町－小梅業平町	22	三ツ目通り	大富橋、三之橋 （小名木川、竪川）	
22	22	蔵前橋通	湯島四丁目－亀戸町	27	蔵前橋通り	蔵前橋	

※名称番号は図3－9の丸数字に対応。幹線街路番号のうち（　）は補助線街路番号

表3－10　主要道路の建設当時の最大幅員、現在の名称、通過する主な橋梁、道路下を走る地下鉄など

で五五メートルであるが、これらはいずれも象徴的な建物前から延びる短い街路である。その点、第1号の昭和通は全長が一三・六キロと最も長く、幅員も四四メートルあって、帝都復興事業を代表するにふさわしい。完成当時の写真をみると、当初は中央にグリーンベルトが設けられていた（たとえば『帝都復興史』第一巻巻頭写真）。戦後は交通量の増大によってすべて撤去され、台東区入谷交差点付近から中央区江戸橋までの区間にはそのかわりに昭和三八（一九六三）〜四四（一九六九）年にかけて造られた首都高速1号上野線が走っている。他の道路で高速道路が上を走るものはないことから、これも四四メートルの幅員が招いた奇禍といえるかもしれない。

名称からもわかるように、昭和通と対をなす通りは大正通（現在の靖国通り）である。幅員は三六メートルとやや狭いが全長は七・一キロあり、現在も昭和通りが南北の大動脈であるのに対して靖国通りは東西の大動脈である。

大正通の半ばにある九段坂について、『帝都復興史』第二巻は「第二号幹線街路視察記」のなかで以下のように説明している。[13]

九段坂は震災前は帝都有数の急坂であって相当に多い通行者を悩ましたのみならず、道路横の濠端を電車がノロノロと上下して頗る不便かつ危険極まるものであった。そこでこの急坂を緩和すべく設計してこの難工事を断行し、坂上富士見町から半蔵門を経て新議事堂前に至る二十一号線が建設された。

ここで述べられている幹線第21号線は現在の内堀通りの一部で、当時は「青葉通」と名付けられた。九段坂上から半蔵門を通り現在の国会議事堂方面へ向かう道路である（表3-10）。新議事堂というのは現在の国会議事堂で、大正九（一九二〇）年から建設が始まり、完成は震災をはさんで昭和一一年の二・二六事件の後である。

九段坂は、震災前はあまりの急坂に車をひく牛馬や人が曲線を描いてかろうじて坂上に達するという状況で、道端には車の後押しを一回一銭でする立ン坊の姿まであったという。先に指摘した二〇項目の道路建設方針には、二二メートル以上の幅員をもつ街路の勾配は二五分の一以下とするという規定もあり、道路建設の際には、市ヶ谷方向に頂上を移動して傾斜を緩和し、現在の姿となった。新しい九段坂を悠々と上る靖国通りの姿は、完成当時、中央を市電（のちの都電）が走り、「復興街路中の華」と呼ばれた[13]。

（4）寺院の郊外移転

区画整理への強制編入

関東大震災後の区画整理で多くの寺院が東京市一五区から郊外へ移転したことは以前から知られていたが、その実態はよくわからなかった。私は第2章で述べた慰霊碑の調査と同時に、その実態

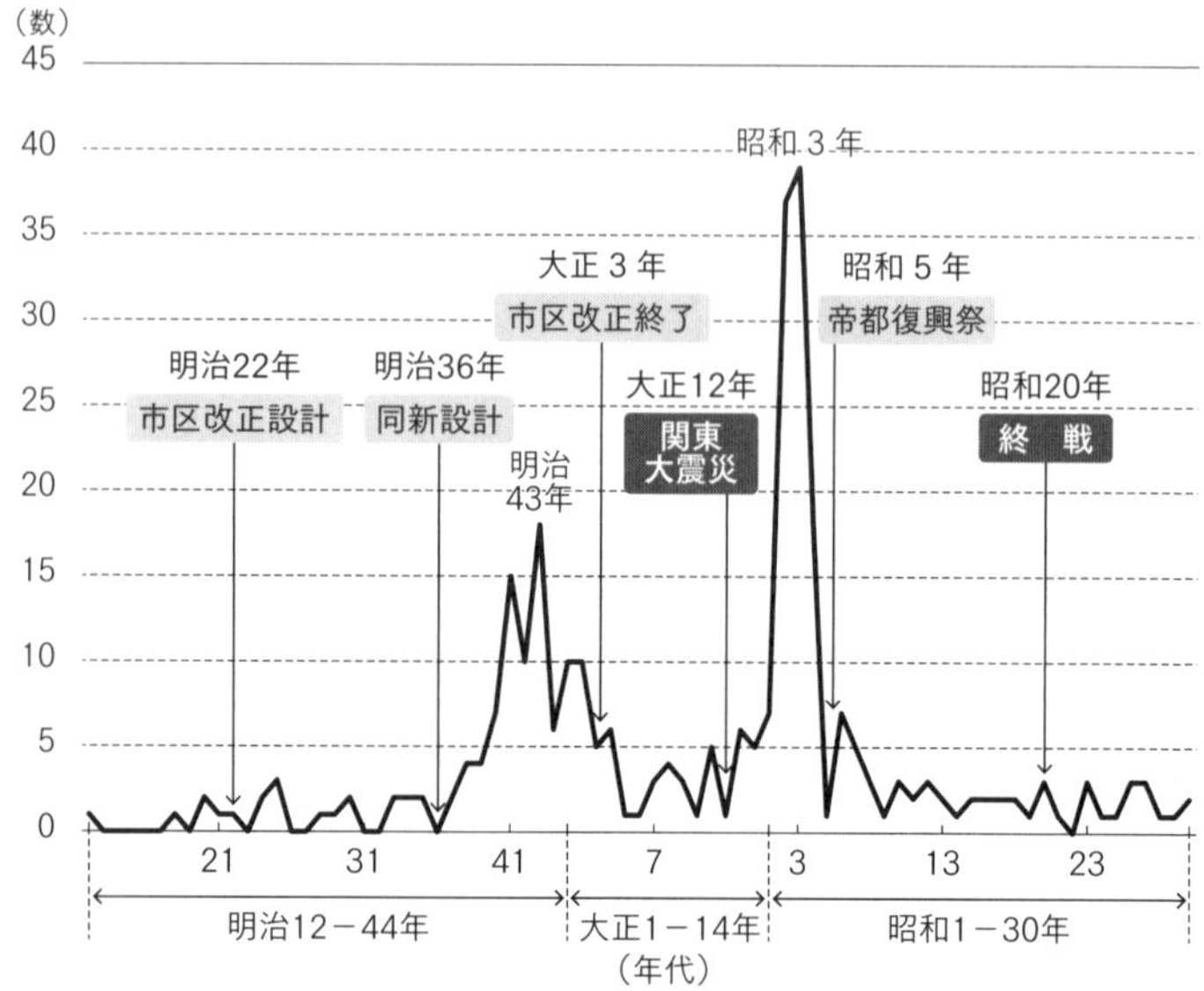

図3‐11　明治以降の郊外各区への移転寺院数の変化

を明らかにすべく調査を行った。図3‐11は、東京都二三区内の寺院のうち、明治以降に移転した経験のある寺院数の変化を示している。ほぼすべてが東京市一五区内から郊外へ移転した寺院（合併され移転したものも含む）である。二三区外へ移転したものは少数のため、図3‐11は東京市一五区内からの寺院移転の全体像を表すと考えて差し支えない。

移転寺院数には二つのピークがあり、一つは明治四三（一九一〇）年頃の市区改正（新設計）によるもの、もう一つが昭和三（一九二八）年頃の帝都復興事業によるものである。なお、第2章で述べた明治維新後の移転寺院の総数一一九は、明治維新以降〜関東大震災が起こる前までの移転寺院数で、多くが市区改正（新設計）によるものであることがわかる。移転寺院リストなど調査結果の詳細は巻末主要文献（10）にまとめた。関東大震災から約一〇〇年が経過して、やっと寺院移転の実態が明らかとなった。ここではその結果をもとに、帝都復興事業による土地区画整理に関連する寺院移転について、その経過や移転寺院のその後について説明する。

震災後、国は世情の不安定化をおそれ、大正一二（一九二三）年一一月には大正天皇から「国民精神作興詔書」が出された。災禍による帝都の破壊や増大する社会不安を契機に、国民に対して災害後の国力回復への努力や道徳的行為の励行を呼びかけたものである。そのために、国民が昔から精神的支柱としてきた仏教界への期待も大きかった。

震災後の寺院の郊外移転の実態を調査していくと、国が寺院の復興へ折につけ圧力をかけていた事実が明らかとなる。政府の通達のなかには、昭和三年八月末までに復興しない寺社は社寺明細帳から除去するとしたり、なかなか実現が困難とみるや、期限を五年間延長し、昭和八年までとしたりしたものもある。また、中央区の築地本願寺に対して、大正一四年六月に、文部省宗務局長から本堂再建を含め宗教活動に必要な主要施設の早期の復興要請があった。また昭和三年に深川元加賀町から江戸川区へ移転した黄檗宗泰耀寺に残る『堂宇新築趣意書』のなかでも、本堂・庫裡の本建築を急ぐ理由として、「最近監督庁から寺院が仮堂のまま永くある時は廃寺処分をせらるゝ憂《おそ》れあるやに聞き及び」との住職の心配が綴られている。

明治以降、幕藩体制の崩壊で保護を失い疲弊する寺院に対し、政府は市区改正で墓地や寺院の郊

	文京		台東		墨田	江東	移転合計
	小石川	本郷	下谷	浅草	本所	深川	
			1	3			15
			1	1			5
							2
							2
		1	1	10	2	1	34
	1	1		1	2		10
	1			3			4
	1		4	12			22
				1			1
				2			2
	1	1		2			4
		1		3			4
				1			1
			1	10	2		16
			4	10	5		20
					1	2	3
	1				4	2	8
	5	4	12	59	16	5	153

外移転を促進しようとしたことは先に述べたとおりであるが、一方で、寺社境内地を公共性・公益性の観点から保全すべき空間であるとも考えていたようで、耕地整理法の第四三条には寺社境内地を土地区画整理地区に強制編入することはせず、あくまで関係者の同意のもとでと規定していた。

震災後もしばらくこの規定は堅持された。土地区画整理の精神を説いたならば寺院側の了解が得られると見込んでいたのである。ところが折衝は意外に難航し、寺院側がこれを盾に区画整理施工地区内への参加を拒むケースが多く出た。このため東京の下町、とくに浅草区や下谷区のように境内地や墓地が広い面積を占めていた地域においては、区画整理に強制的に参加させられる市民が寺院に対して不公平感を持つことになり、さらに国や東京市も、寺院の境内地や墓地の跡地を道路や公園の用地に充当することで一般の宅地からの減歩を少なく済ませようとする意図がはずれることになった。このため、やむなく大正一四年三月になって、国は境内地が国有地の場合の無償払下げなどを条件に、境内地や墓地の区画整理施工地区内への強制編入に踏み切り、一般の宅地と同様に減歩率が一割を超える場合に

東京都23区対応区	千代田		中央		港			新宿	
東京市15区	麹町	神田	日本橋	京橋	芝	麻布	赤坂	四谷	牛込
大田区（荏原郡）				10		1			
品川区（荏原郡）					2	1			
目黒区（荏原郡）					2				
港区（芝・麻布・赤坂区）					2				
世田谷区（荏原・北多摩郡）			1	14	2	2			
杉並区（豊多摩郡）				5					
中野区（豊多摩郡）									
練馬区（北豊島郡）				3	1	1			
文京区（小石川・本郷区）									
板橋区（北豊島郡）									
豊島区（北豊島郡）									
北区（北豊島郡）									
荒川区（北豊島郡）									
足立区（南足立郡）				3					
葛飾区（南葛飾郡）				1					
江東区（深川区・南葛飾郡）									
江戸川区（南葛飾郡）					1				
合計	0	0	1	36	10	5	0	0	0

※（　）内は震災時の区名・郡名

表3-12　震災後に東京市15区から現在の23区内へと移転した寺院数の内訳

は、特定の額を定めて公費による補償が行われた。この時点で境内地の二九%、墓地の四四%は依然、国有地ないしは市有地であった。

　また、その際も寺院側からの要求を考慮して、墓地内のうち、道路、運河、小公園にあたる部分および他の土地の換地となる部分に限って、墳墓の規模に応じて移転料を支払うことにした。さらに大正一四年一二月には墓地について、従来は市外への全面移転か納骨堂への転換かの二択であったが、新たに墓地面積をもとの三分の一以下にすることを条件とする「特設墓地」（「特殊納骨設備」）の建設を第三の選択肢として認めた。

特設墓地とは、現在、我々がよく目にする墓地の形態で、各檀家の代表的墓碑を家族墓として一基立て、遺骨はそれぞれ骨壺に入れてまとめてカロートへ収蔵することが求められた。特設墓地の制度は、少しでも市街地にある墓地の面積を減少させ、土地区画整理をスムーズに進めようという意図で行われたものであろうが、背景には、境内地や墓地を歴史ある土地から移転させたくないという寺院側の意向もあった。当局に特設墓地施行を強く働きかけた一人は、北区にある浄土真宗赤羽山法善寺の中山理賢上人で、同寺にある中山理賢師像の台座には「大正十二年帝都の大震火災に当り罹災寺院の全墓地郊外移転の当局案を説得破斥して、よく特設墓地施行の新例を開き祖先崇拝の美風を泰山の安きに置けり」と刻まれている。

郊外での再建を目指して

表3－12は、震災後（平成一六年まで）に、東京市一五区内から現在の二三区のどこに移転したかがわかる資料である。移転した寺院数（合併も含む）は一五三で、このうち港区内（旧芝区）の二寺院は同じ港区内で移転した寺院である。移転元の多いのは、浅草区で五九、次いで京橋区の三六である。京橋区の三六は、築地本願寺の子院と和田堀廟所である。

一方、浅草区にも誓願寺、浅草本願寺、報恩寺など子院を多く持つ大寺院があり、誓願寺の一一子院、浅草本願寺と報恩寺の六子院などが含まれているが、浅草区からの移転寺院はこれら大寺院の子院だけではない。多くの寺院が密集する浅草では、区画整理のために寺院からの土地の提供が強く求められ、さらに中小寺院では震災で境内地の維持も困難となり、多くが墓地の拡大も期待できる郊外に移転した。地理的な関係もあって、足立区、葛飾区ではほとんどが浅草方面からの移転寺院で占められていることがわかる。

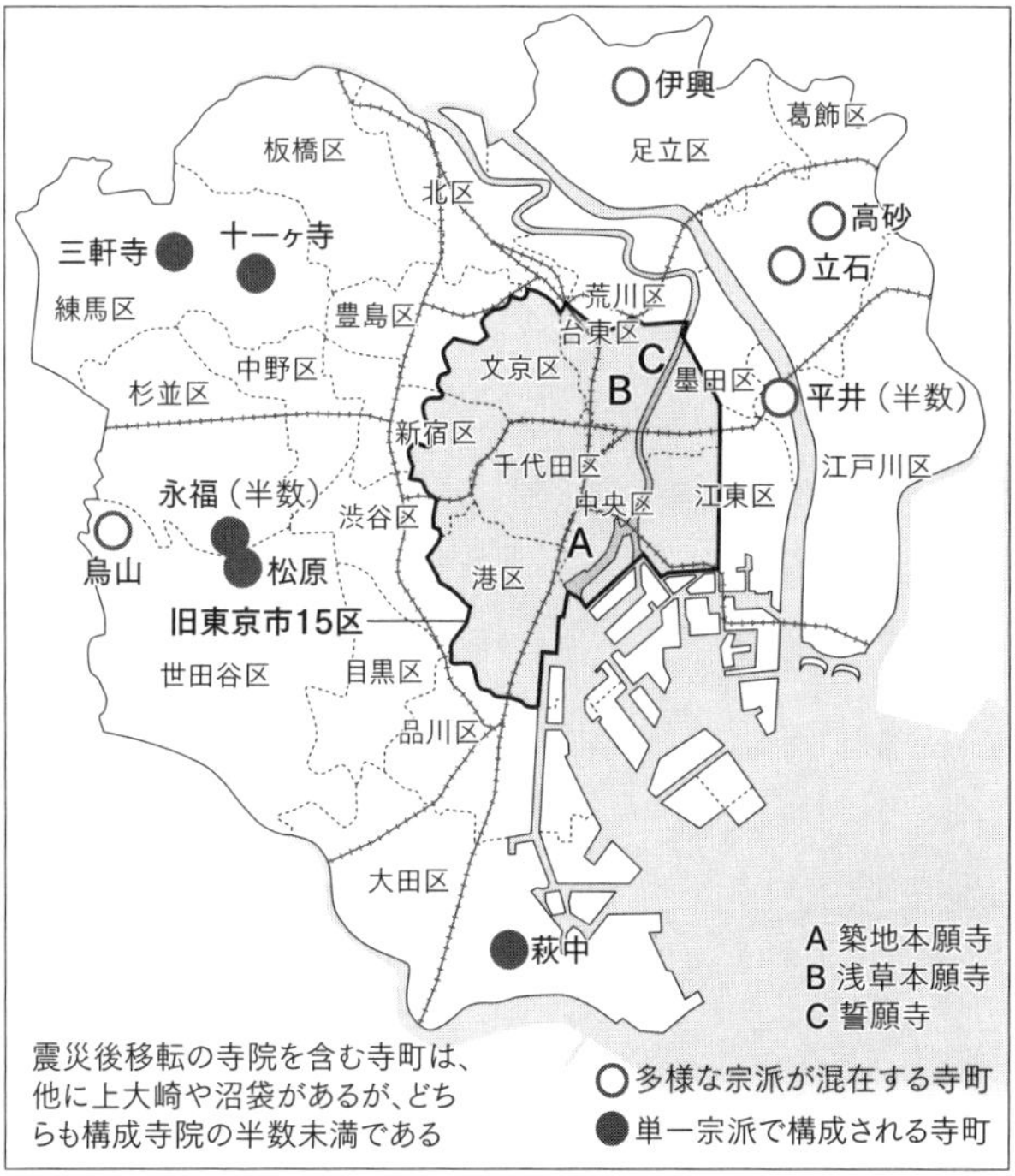

図3－13　震災後の移転により生まれた寺町と移転元の大寺院

図3－13は、移転によって生まれた寺町と大きな移転元となった築地本願寺、浅草本願寺（報恩寺）、誓願寺の位置関係である。旧東京市一五区から遠く離れた大田区、世田谷区（一部杉並区）、練馬区、足立区、葛飾区（一部江戸川区）に多くの寺院が移転した。宗派別にみると、震災前にはそれほど移転数が多くなかった浄土真宗と浄土宗の寺院が多く、特に、浄土真宗の築地本願寺からは多くの子

院が各地に移転した。その結果、黒丸で示す萩中寺町、松原寺町、三軒寺はすべての寺院が築地本願寺の子院で占められることになった。練馬区の十一ヶ寺の構成寺院はすべてが浄土宗誓願寺の子院である。また永福寺町も震災後加わった寺院のすべてが築地本願寺の子院であり、隣接した広大な土地に築地本願寺の墓地も移転し、和田堀廟所が造られた。

寺町のうちで寺院数が二六と最も多い世田谷区烏山の地は、震災前はススキと雑木ばかりの荒地、次いで一三ヵ寺の足立区東伊興の地も、沼に挟まれた荒地だったようである。練馬区の十一ヶ寺のある場所は松林が広がり、三軒寺のある場所も西武池袋線の石神井駅から一・五キロほど北にあるが、その間に畑や空き地が広がり、寺から駅が見えたという。移転先はほとんどすべてが郊外一五区にあたる地域で、周辺部は農家が点在する農村地域であった。

移転事情の詳細は、十一ヶ寺のうちの得生院の入西勝彦住職によって残された『得生院誌』など、寺院所有の資料や各寺院に語り継がれた話などから垣間みることができる。通常、寺院はまず移転先を探し、東京府知事に移転願を出し、許可が降りた段階で移転を開始する。移転が終わって収支報告書ができる段階になれば移転完了届が提出されて完了となるが、その間に生活の場である庫裡はもちろん、宗教活動上最も重要な本堂も建設しなければならない。

移転先ではしばしば反対運動が起こった。理由は多くの場合、寺院移転によって税収が見込めない土地が増え、村の発展が阻害されるというものであった。墓地移転については、法律に従って遺骨を残らず掘り出し、火葬して壺に入れて運ばなければならないという苦労もあった。また、墓石や什器の移動には大八車や馬車が主流であったため、たとえば練馬区の目白通りでは昭和二(一九二七)年の臨済宗広徳寺の墓地と十一ヶ寺の寺院、昭和三年の三軒寺の寺院の移転に際し、それぞれ何十台、何百台の大八車や馬車が次々と西へ向かったと伝えられている。

さらに最後の難関は、新天地での本堂建設であった。多くの寺院はすでに、旧地の焼け跡に仮設であれ何であれ、本堂を再建した上での移転である。移転先に新築する余裕のない場合、たとえば仙川(調布市)の浄土真宗西照寺では、築地で再建した本堂と庫裡をそのまま移築した。練馬の三軒寺のうちの敬覚寺も同様である。寺院同士で本堂を融通して移築することも多く、烏山寺町の法華宗妙壽寺では本所中ノ郷の清雄寺の本堂を移築し、昭和五九年に現在の本堂ができるまで使われていた。また本所押上町から最初現在の杉並区へ移転した日蓮宗最教寺の本堂は、なんと大阪市東淀川区の寂光寺から移築したものであった。

調査の結果、ある程度移転経過がわかる四八寺院について、移転完了までの期間を推定し平均すると、足掛け六・九年にもなる。先に述べた『得生院誌』では、移転許可が降りたのが昭和二年、完了届が出せたのが昭和八年で、七年も掛かっているが、ほぼそれが平均であった。

移転寺院の今

このように移転に要した期間の長さからも、寺院にとって移転と復興が大きな負担となったことがうかがえる。これらを成し遂げた住職の名前は、文献に掲載されているものはもとより、各寺院の墓地にある歴代住職墓に刻まれた名前や現地でうかがったものなど八一寺院で確認することができた。その八一名のうち二三名の住職が、各寺院で中興ないしは中興相当として扱われている。住職に関する称号としては、まず寺院を開いた「開山」があげられるが、「中興」もまた二〇代、三〇代と続く寺院が多いなかで、一人か二人の住職にしか与えられない特別な称号である。震災が寺院の存亡にかかわり、住職の努力なくして今日はありえなかったという認識が各寺院に浸透している証ではないかと思われる。

郊外へ移転した寺院を訪れた印象では、総じて境内地は広く、墓地も十分な広さをもつものが多いように見受けられる。むしろ特設墓地の制度を利用して都心に残った寺院よりもよりよい環境にあるようである。多くの寺院が移転の際に自らの境内地や墓地の跡地を売却して資金を得、移転費用や堂宇建設費などの諸費用を差し引いても、郊外では相当広い土地を確保することができたのである。昭和二（一九二七）年の臨済宗広徳寺の墓地と子院の円照院の例でみれば、下谷の境内地は坪二二〇円であったのに対し、練馬の移転先は坪一八円と一〇分の一以下の値段であった。

一方、移転の際にどの寺院も心配した檀家との距離が生まれる問題も、昭和初期になると都心と郊外を結ぶ私鉄が続々と開業し、次第に緩和されるようになった。また、移転した当時は大半が郡部であった移転先の地域には、昭和七年に二〇区が新設され、元の一五区と合わせて東京市は三五区となった。これによって移転先のほとんどが東京市内となり、移住者も急増した。このことは移転先での新たな檀家の開拓という点からは追い風になったに違いない。

さらに北区赤羽の浄土宗善徳寺（浅草から移転）の復興記念碑に書かれているように、檀家のなかにも当初から、市中の雑沓の地では霊碑も安らかに安置できないとか、世田谷区烏山寺町の浄土真宗源正寺（築地から）では、震災後、隣に中央卸売市場が開設され、寺地としてふさわしくないので静寂な郊外へ移転すべきとの意見があがっていた。大震災を経験し、都心部はもうこりごりと、不便さを覚悟してでも郊外へと考える檀家も相当数いたようである。寺院の移転・復興はとても寺院の力だけでできるものではない。さまざまな形で復興に協力した檀信徒諸氏に対する感謝の意を表した石碑が、あちこちの寺院に建てられている。

このような寺院の郊外移転は、その後の戦争による空襲や戦後の混乱を免れて、はからずも江戸の文化遺産を郊外にとどめるという結果をもたらした。一方で寺院の周辺は、一部の地域を除き、主に戦後の無計画な開発で新たな木造密集地域と化している。その点については第5章で詳しく述べるが、そのようななかでこれらの寺院の境内地を公共性・公益性の観点からどのように保全し活用してゆくか、またそこに残された文化遺産をどのように後世に伝えてゆくかは今後考えるべき大切なテーマである。

なお、明治以降、東京市一五区に対応する都心部から郊外へ移転した寺院は震災前、震災後を合わせると二七二となるが、依然として都心部には戦後も千に近い寺院がある。[15] なぜこれだけの寺院が東京の都心部にあるのか。歴史を遡れば、第2章で指摘した江戸の都市化による人口増大に加え、参勤交代などで江戸詰になった全国の大名が、幕府への忠誠の証として、江戸にも菩提寺をもつようになったことなどがあげられる[16]。明治維新以降に人口集中で超過密となった東京の街にとって、寺院の境内地や墓地は貴重な公共的空間であり、その一部が帝都復興事業の土地区画整理に役立ったとの見方もできる。

引用文献

1 樋渡達也（二〇一八）「関東大震災と東京都の慰霊事業：公園墓地とともに歩んできた慰霊事業の歴史と未来」『第6回首都防災ウィーク記念資料集』、15－18頁
2 進士五十八（二〇二一）「井下清と震災復興公園」『第9回首都防災ウィーク記念資料集』、66－69頁
3 東京市政調査会（一九三〇）『帝都復興秘録』寶文館、全455頁
4 北原糸子（二〇一〇）『写真集関東大震災』吉川弘文館、全419頁
5 高橋重治（一九三〇）『帝都復興史』第一巻、興文堂書院、全702頁
6 工政会（一九二四）『帝都土地区画整理に就て』、全78頁
7 松葉一清（二〇一二）『「帝都復興史」を読む』新潮選書、全271頁
8 内閣府中央防災会議・災害教訓の継承に関する専門調査会（二〇〇九）『1923 関東大震災報告書（第3編）』、全209頁
9 北原糸子（二〇一一）『関東大震災の社会史』朝日選書、全370頁
10 復興局（一九二八）『帝都復興事業概観』東京市政調査会、全195頁
11 小貫修一郎・高橋重治（一九二七）『青淵回顧録』下巻、青淵回顧録刊行会、興文堂書院、全768頁
12 復興局監修（一九三〇）『復興完成記念　東京市街地図』東京日日新聞付録
13 高橋重治（一九三〇）『帝都復興史』第二巻、興文堂書院、全1172頁

14 高橋重治（一九三〇）『帝都復興史』第三巻、興文堂書院、全1221頁
15 全日本仏教会寺院名鑑刊行会（一九六九）『全国寺院名鑑 北海道東北関東編』、全437頁
16 鈴木理生（一九九九）『東京の地理がわかる事典』日本実業出版社、全271頁

第4章　首都にふさわしい街づくりの模索

（1）帝都復興事業の性格

名著『帝都復興史』

本章では、引き続き帝都復興事業によって新しく生まれた橋や公園、市場や電車などについてみていくが、それに先立って復興事業全体の特性について考えてみたい。

帝都復興事業の内容については、内務省の復興事務局が昭和六～七（一九三一～三二）年にかけてまとめた、六冊にもおよぶ『帝都復興事業誌』がある。役所の報告らしく淡々と復興事業の内容が記録されており、読み慣れないものにとってはなかなか手強い記述が続く。これに反して『帝都復興史』全三巻はまったく趣を異にしている。

『「帝都復興史」を読む』の著者である松葉一清は、本書の存在意義は膨大多岐にわたった帝都復興事業を一つの物語として綴った点であるとしている。[1] 松葉一清ならずとも驚かされるのは、三巻通しで通番を打たれた文字ページだけで三〇九五頁にもおよぶ大部の書籍を、版元の興文堂書院の社主、高橋重治がほぼ一人で執筆している点である。内容は関東大震災が発生した大正一二（一九二三）年九月から帝都復興祭が開催された昭和五（一九三〇）年三月二六日までの期間における政財界の動向から、土地区画整理実施時の住民からの陳情書（苦情）や復興橋梁一本一本の構造の技術的細部に至るまで、よくぞまあこれほどと思える事柄にまで及び、帝都復興事業の推進に共感を寄せながらも、政府の進め方の問題点などについても忌憚のない感想が述べられている。

装丁は図4－1に示すように三巻がそれぞれ函に収められており、取り出すと、緑のビロード装の表紙には、復興の金文字を丸く囲うように月桂樹の葉が金の押し紋であしらわれている。そのうち『帝都復興史』第一巻には、帝都復興事業の性格を考える上で重要と思われる三つの資料が収録されているので、順次それらを引用しつつ、同事業の特性について考えてみる。[2]

図4－1 『帝都復興史』

帝都復興に関する詔書

第一は、震災発生直後に摂政宮が発した詔書である。『帝都復興史』の冒頭には、復興事業を終えて昭和天皇が発した「勅語」、震災発生直後に摂政宮が発した九月一二日の「詔書」、ならびに九月三日の「摂政宮御沙汰」の三つの文面が並んでいるが、詔書はそのなかの一つで、摂政宮の御名御璽のもとに発せられたものである。[2] 遷都を疑う国民の不安を払拭し、「帝都は永遠に帝都である」として、東京における帝都復興を国家意思として示した、いわば帝都復興事業の原点ともいうべき文書である。これによって、東京市民、さらには全国民挙げて復興に立ち上がる気運がつくり出された。後に議会などで復興のありかたを巡って、当座の復旧をはかり本格的な復興を先送りにしようという主張が発せられるたびに、復興院総裁の後藤新平は、詔書の御意に基づき、あくまでも本格的な復興を心がけるべきだと反論した。いわば詔書は帝都復興事業実現の錦の御旗であった。

帝都復興事業の性格を考える際に、一〇〇〇字近くにおよぶ詔書の文面のうち、私が特に注目するのは次の部分である。

緩急その宜を失して前後を誤り或は個人若《も》くは一会社の利益保証の為に多衆災民安固《あんこ》を脅かすが如きあらば人心動揺して抵止する処を知らず。朕深く之を憂惕《ゆうてき》し既に在朝有司に命じ臨機救済の道を講ぜしめ先ず焦眉の急を拯《すく》うを以て恵撫滋養《けいぶじよう》の実を挙げんと欲す。

この非常時に一儲けしようとする個人や会社の利益保証に走れば、人心は収まるところがない。摂政宮はそれを憂慮して、政府に対し臨機応変に一番急ぐことから手がけるように求め、人々の心を潤すよう指示した。摂政宮はすでに九月三日に「摂政宮御沙汰」を発して、被災者への一〇〇〇万円（約五〇〇〇億円）の下賜に言及している。その延長上に帝都復興事業の根幹となった「公共性優先」、すなわち公的な事業として国をあげて帝都復興を成し遂げるという思想が見てとれる。図3-6に示した東京復興事業の内容を見ても、すべてが公的な都市の基盤整備であり、土地区画整理で造らざるをえなかった同潤会アパートなど住宅経営に関わる同潤会の活動が、税金ではなく主に義捐金で賄われたこともこのことをよく表しているのではないだろうか。

この詔書の案文の起草者は、後に帝都復興事業の政府案に待ったをかけた帝都復興審議会の中心人物である枢密院顧問の伊東巳代治である。その際の伊東の心境は先に『帝都復興秘録』を引用して示したとおりであるが、伊東はこの後、審議会での自分の発言が、帝都復興事業の中心的課題であった土地区画整理の反対運動のために使われたのは心外千万だとも述べている。[3] 政策実現にあたっての意思疎通の重要性と難しさを感じさせる展開である。

堀切善次郎の総論

第二は大正一五（一九二六）年九月から復興局長官をつとめ、昭和五（一九三〇）年三月の帝都復興祭時に東京市長であった堀切善次郎が寄せた二〇頁にもおよぶ「総論」である。後藤新平はすでに他界しており、復興完成時点で総論を書くのに最もふさわしい人物であったといえる。

堀切は総論のなかで、先の詔書の発布と摂政宮自らが九月一五日と一八日の両日、東京市内の焼け跡を巡視されたことをまず取り上げ、これによって「感激した市民は遽《すみやか》に復興の精神に燃え初め、巷間《こうかん》至る所復興の気運が漲るに至ったのである」と述べている。また、政府もただちに復興の大計画に着手し、東京市もこれに応じて「官民一致〝復興に勝る供養なし〟の標語の下に大計画の実現に最大の努力を続けたのである」と回想している。また「帝都の復興は単に震災前における東京市の状態に復旧する程度に止むることなく、進んでは将来の発展を企画して復興せしめ、巷街の面目を改めて帝都として恥かしからぬ都市の建設を意味するものであり」と述べている。

ここで私が注目したいのは、官民一致、つまり帝都復興が国民的合意形成の上に行われたことである。震災後の政府の素早い動きももちろんであるが、大正一〇年から東京市長をつとめていた後藤新平に対する「後藤にならら任せてもいいぞ」という庶民の心理が広くいきわたっていたことがベースにあったものと思われる。松葉一清は、当時の東京市民は市政について親しみも情報も持ち、科学的調査に基づく市政の刷新を掲げた後藤市長に期待を抱いていたと述べる一方で、我々が、現在の東京都政の現場の担い手についてそれほどの知識も親しみも期待もないのとは天地の開きがあるとも述べている。[1] さらにその後を継いだ前出の永田秀次郎らも、必死に帝都復興の必要性を市民に説いてまわった。そのなかで、最も東京市民の心に響いた言葉が「復興に勝る供養なし」であった。つまり、同胞の死を無駄にして再び東京を震災時の惨めな状況に戻したくないという意志表明である。

堀切が総論の最後に、帝都復興祭の祝典を迎えるに当たり発した「市民諸君に寄す」のメッセージのなかで「国都百年の繁栄は一に市民将来の覚悟に俟《ま》たねばならないことは申すまでもありませぬ。市民諸君はこの大業をして徒らに輪奐《りんかん》の美のみに終わらしむることなく、厳に相戒めて益々精神の作興に努め産業に文化に都運隆興の実を挙げ……」と、復興がこれで終わるわけではないことを市民に訴えているのもその表れである。苦しい財政状況のなかで実現できなかった、山の手一帯の焼け跡以外の地域の都市計画事業の積み残しも、頭に置いてのメッセージであったと思われる。

ビーアド博士の進言

最後に私が注目するのが、ビーアド博士が後藤に対して提出した八項目の建議書のうちの八番目、「帝都の尊厳及び美観に関する考察」である。米国の著名な歴史学者であり政治学者であるビーアドは、東京市長だった後藤の招きで大正一一（一九二二）年九月から翌年六月まで東京に滞在、さらに震災後、後藤の要請で一〇月六日に来日し、帝都復興に関する建議書を提出した。堀切の総論にも帝都復興は「帝都として恥ずかしからぬ都市の建設を意味する」とあるが、その点をより具体的に述べている箇所がある。

ビーアドが述べていることを要約すると、歴史の舞台は大西洋より太平洋へ移りつつあり、日本はこの舞台の立役者を務めるであろう。東京はそれにふさわしい帝都としての品格をもたなければならず、間違っても西洋の猿真似で米国の三流田舎都市のようになってはいけない。そのためには日本固有の都市美の帝都を建設する必要があり、できる限り日本建築の様式を取り入れ、日本式の公園や記念塔の建設を目指すべきだということである。この後に、観光にも役立つと日本美の帝都の実利も説いている。

日本式への強いこだわりには多少奇異な印象を持つが、首都として恥ずかしくない都市の美観に重きを置くべきだという点では的を射た正論のように思える。もちろん、関東大震災を踏まえた復興であることから、耐震・耐火の街づくりが前提であることはいうまでもない。そのことはビーアドが示す一から七番目までの建議の内容からも明らかである。

防災まちづくりを考える時、自然災害から人間を保護すればいいと考えられがちであるが、防災は街を守ろうとする人々の総意から生まれるとの視点に立てば、市民が誇りに思えるような街づくりがその根幹になければならない。その際ビーアドがいう都市の品格や美観は、誇りをはぐくむための重要な要素である。

以上、帝都復興事業の性格は、二度と市民が関東大震災の時のような惨めな状況に陥らないための街の耐震・耐火性実現を前提に、公共性、国民的合意形成、首都としての品格形成の三点によって特徴づけられていたといえる。

（2）橋梁設計と美観

大量死の反省に立って

『帝都復興史』第二巻は、「第六編　復興の橋梁」の冒頭で、震災による橋梁の被害について以下のように述べている。[4]

彼の隅田川に架せる吾妻橋、厩橋、永代橋の如きも構造は鉄橋であったが橋面は木造に過ぎず、その他の諸大橋も単に交通に便する点にのみ留意され耐震耐火には考慮が払われていなかった。

（このため）大震災に遭遇するや忽《たちま》ちにして或るは焼け落ち、或るは傾き、或るは甚だしく破損して交通に堪えざるものは全橋梁数の過半三百六十六橋に達し、従って猛火に追われたる市民は遁げ道を失い、狼狽一方ならず終に焼死せる者も少くなかった。

事実、当時の警察による調べでは、永代橋で六六九名、吾妻橋で一八四名、厩橋で一四一名、両国橋で七六名、相生橋で三三名の死者が確認され、隅田川以外の中小河川の橋梁も入れると、横川橋で一〇二〇名、伊予橋で六九七名、枕橋で五二七名などの被害が記録されている。このような反省に立って、「橋梁の復興に当っては、上述の如く火災に依る被害の莫大なりし点に鑑み耐火構造に就て最も意を注ぐと共に、地震に対しても頑丈堅固にして恒久的ならしめる事、交通の便益を増進せしめ都市の美観を害わざる事等の諸点に留意し、新時代の要求に適合せしむべく考慮を回らした」。

設計はいずれも細部にまでこだわったもので、大部分を復興局の技師が担当し、その数は国施行が一一二橋、市施行が四六四橋（うち一九四橋は修繕補強）で、実に五七六橋にも及んだ。[4] たった六年半でこの驚異的な数を可能にした力は何か。これだけでも帝都復興事業がとてつもない大事業であったことがわかる。その先頭に立ったのは、最初、復興院の土木局長に任じられた太田圓三である。太田圓三は詩人木下杢太郎の兄で、現在の神田橋畔に建てられた顕彰碑には、「心身疲労の極、事業の犠牲として、惜しくもその生命を絶った」と大正一五（一九二六）年春、事業の完成を見ずして痛恨の死を遂げたことが記されている。
ほとんどすべての橋が国や東京市の復興予算によって架けられたのに対して、民間によって架けられた橋もある。[4]現在の銀座八丁目、銀座コリドー通りから東京電力本社ビル前へ出る東京高速道路やJR山手線などの高架下角に「新幸橋」と書かれた建設記念碑が立っている（図4－2）。

図4－2　銀座８丁目の「新幸橋」建設記念碑

今は東京高速道路の通り道となり、埋め立てられた外濠川には、震災前この地点に橋がなかった。このため震災を迎えて住民の避難に大きな支障が生じたことを理由に、地元の藤平久太郎と荘司岩三郎が大正一三年三月に、復興局長官の直木倫太郎と東京市長の永田秀次郎に架橋の嘆願書を出したのがことの始まりである。先に述べたように復興事業では多くの橋を架けることになっており、それに計画を追加するのは至難の業であったが、嘆願が功を奏してこの地点における橋の必要性が認められ、一時は計画への架橋編入が承認された。ところが、昭和二（一九二七）年になって、多くの計画を削除せざるをえなくなり（おそらく金融恐慌の影響で）、この橋も悲運に見舞われることになる。

昭和三年春、それを知った両名は私費によって架橋し、これを市に寄付しようと決意する。具体的には、架橋によって便利になる企業団体から資金を集め、足らざるを両名が補填して架橋を実現した。石碑はそれを記念して昭和四年一〇月に建立されたものである。背面には寄付に応じた会社など一五の団体・個人の名前が記されている。今も近くにある東京電力本社（当時の東京電燈㈱）やみずほ銀行本社（当時の日本勧業銀行）、さらには立憲政友会や、現在の共同通信社と時事通信社につながる新聞聯合社の名前も見える。帝都復興が官民あげての取り組みであったことを表す事例である。

人助け橋

震災時、多くの橋で人々が命を落としたなかで、人々の命を救って「人助け橋」と呼ばれ、隅田川では唯一、震災後も継続使用された橋がある。現在の中央区日本橋浜町二、三丁目と江東区新大橋一丁目を結ぶ新大橋である。昭和五二（一九七七）年に架け替えられ、現在の橋の主塔には架け替え前の橋を描いたレリーフと橋の由来が書かれた銅板が設置されている。

新大橋といっても歴史は古く、明暦の江戸大火の後、最初にかけられた両国橋が「大橋」と呼ばれたことから、それに続く橋として新大橋と名づけられた。元禄六（一六九三）年の架橋以来、幾度も架け替えられ、明治四五（一九一二）年に初めて現在の位置で鉄橋となり、震災を迎えることになった。

震災を免れたのは、橋全体が鋼鉄製であった上に、人々が大八車などに満載して運び込んだ家財道具を、警察官の機転ですべて河中に投げ込んだことが功を奏したといわれている。警官の行為は、さぞや人々の反感を買ったことと思われるが、その先頭に立ったのは当時の深川区西平野警察署の橋本巡査部長であった。一巡査の機転から始まった行為が、さらに警官六名の協力を得て、一万有余の避難民の命はおろか、三つの神社の御神体をも救った。その一つが安産祈願で有名な水天宮である。西詰にある「避難記念碑」によれば、地震後ここで九死に一生を得た人々が「大震火災新大橋避難記念会」を組織し、毎年当日に水天宮で報賽の祭典を行い、同橋上に集って当時を追想してきたが、満一〇回を迎えて、碑を建ててこれを永久に記念することにしたとある。昭和八年のことである。記念碑の背面をみると、戦後も昭和三九年に水天宮によって石碑が補修されていることがわかる。

　私がこの橋の実物に出会ったのは、愛知県犬山市にある博物館明治村でのことであった。どこか見覚えのある橋があるなあと思って近づくと、現在の橋に掲げられた旧橋のレリーフに描かれたものとそっくりの橋がそこにあった（図4-3）。橋にはしっかり「新大橋」と漢字で書かれた大きな橋名板がかかり、街燈がついた親柱も含め中央区側の部分が保存されていることがわかる。

図4-3　愛知県の博物館明治村に保存された新大橋

　一方、江東区側の橋名板は新大橋三丁目の八名川小学校に保存されている。八名川小学校は後で述べる復興小学校の一つで、復興小公園である八名川公園に隣接する学校である。こちらの橋名板にはかなで「志んおほはし」と書かれている。昭和四八年に新大橋の架け替えが決定して旧橋が撤去されることになった際、町のシンボルとして地域に親しまれてきた新大橋の橋名板を保存するために、八名川小学校のPTAを中心とした住民たちの要望で、橋上から学校へ移された。現在は校舎北側に説明板とともに設置され、学校の外の道路からもみることができる。校舎内の一教室は新大橋の部屋ともいえる佇まいで、橋台翼壁に付けられていた小さな橋名板と設計にかかわった技師の在銘板も大切に保存されている。そこでは、旧橋だけでなく、それ以前に木橋だった頃の新大橋の写真や絵も張り出され、新大橋にまつわるさまざまな文献も整理されている。写真や絵の下には「町のシンボル新大橋」と書かれており、震災で多くの人々の命を救った新大橋が、今でもこの町の誇りとして人々に愛され続けていることがわかる。

震災時はただ一つしかなかった人助け橋が、帝都復興事業によってすべての橋梁に拡大した。耐震・耐火性が功を奏して、第二次世界大戦の空襲時には多くの橋が「人助け橋」となり、戦後復興にも大きく貢献した。帝都復興事業によって架けられた橋梁は、その意味でも、東京都民にとって特別な意味をもつ建造物である。

プラス「美観」

帝都復興事業が首都としての品格形成に重きを置き、特に「美観」ということに注意が払われたことは先に指摘したとおりである。橋梁もその例外ではなく、『帝都復興史』第二巻は「橋梁の美観」という項目を設けて以下のように述べている。[4]

橋梁が交通上に必要なるは謂うまでもないが、同時に都市における建造物の一つとして、その美観を保たしめることもまた忽《ゆるがせ》にすべからざるものである。況《いわ》んや復興帝都に相応わしからしめる為めには意匠、型式、照明等も等閑に附すべきでないとの見地から、当局は先づその型式において嶄新奇抜なるものを選んだ。隅田川に架設せる六大橋が各その型式を異にして夫々優美を競えるを始めとし、聖橋、江戸橋その他何れも頗《すこぶ》る壮麗ではあるが浮華軽薄なる装飾を避けて見厭きのせぬ明るい感じを出すことに意を用い、親柱、欄干等の意匠に就てもなるべく目触にならぬ様且つ空の眺望を妨げざる様細心の注意が払われている。又橋梁電燈は街路照明と相俟って水陸の交通、保安等の一助たらしめると同時に夜の美観を増さしめる様取り付けられ、市内橋梁の総燈数二千数百燈、その燭力実に二十数万燭光に達す。

わが国で公共構造物について、大規模かつ真剣に価値尺度を美観に求めて検討した例は、おそらく後にも先にもこの時だけではないだろうか。震災後の急を要する局面において、これほど丁寧なものづくりができたのはなぜか。現在、われわれが隅田川を船で遊覧する時、復興橋梁の一つ一つに目を奪われるのは、建設の際にこのような配慮がなされていたからであろう。図4‐4はその一つである言問橋の現在の様子である。手前の優美な橋とは対照的に、背後に奇抜なデザインのビルが建ち、公園緑地（隅田公園）の上を首都高速道路が通っている。

復興橋梁建設に関わる費用は総額六三五一万円（約三二〇〇億円）である（図3－6）。そのうち隅田川に架かる主な橋梁の総工費と工期をまとめて表4－5に示す。合計は一五二〇万円である。最高額は清洲橋の三〇〇万円で、一橋当たりの平均は約二〇〇万円（約一〇〇億円）、工期は平均で二年八ヵ月である。先に述べたように、橋梁の施工は、修理補強も含めると五七六橋で、隅田川のもの以外は中小河川や運河に架かるものである。総額から隅田川に架けられた大規模な橋梁の費用を差し引いて、単純に割り算をすれば、建設費用は一橋あたり八・三万円（約四億円）となる。

図4-4　現在の言問橋

橋名	主体	総工費（円）	起工月	竣工月	工期	存否
相生橋	国	1,437,000	大正13年８月	大正15年11月	27	架替
永代橋	国	2,800,000	大正13年12月	大正15年12月	25	現存
清洲橋	国	3,027,000	大正14年３月	昭和３年３月	36	現存
蔵前橋	国	1,420,535	大正13年９月	昭和２年11月	40	現存
厩橋	市	1,100,000	大正15年９月	昭和４年９月	36	現存
駒形橋	国	1,815,290	大正13年７月	昭和２年７月	36	現存
吾妻橋	市	1,250,000	昭和４年６月	昭和６年６月	24	現存
言問橋	国	2,367,000	大正14年５月	昭和３年２月	30	現存

※吾妻橋の総工費は予算段階のもの
※施工主体は「国」が復興局、「市」が東京市　＊工期は月数

表4-5　隅田川に架かる帝都復興事業による橋梁の工費と工期

（3） 復興橋梁の現状

江戸の大川　隅田川

隅田川は江戸時代より大川と呼ばれた、東京を代表する河川である。帝都復興事業を含む震災復興期には、それにふさわしい橋梁が次々と架けられた。図4－6に下流部から川をさかのぼるように現在の橋の名前を並べてみた。最下流部の相生橋から千住大橋まで、高速道路専用橋を除いた道路橋が一六橋架かり、このうち四橋は戦後新しい場所に架けられたものであるが、四角で囲った橋は架橋の時期から震災復興橋梁と呼べるもので、全部で一〇橋残っている。このうち帝都復興事業によるものは、後に架け替えられた相生橋を除く七橋である。グレー地で区別して示した両国、白鬚、千住の三橋は、帝都復興事業とは別予算で同時期に架けられた。帝都復興事業では表4－5にあるように、当初は国の復興局が相生、永代、清洲、蔵前、駒形、言問の六大橋を、東京市が厩、吾妻の二橋を建設した。

相生橋は、昭和一五（一九四〇）年に築地方面から勝鬨橋が架かるまでは、月島へ渡る唯一の橋であった。当時は深川と月島の途中に中の島があったために大橋と小橋とに分かれていた。震災で以前の相生橋が焼失してしまったために月島は三年二ヵ月にわたって孤島と化し、この状況をできるだけ早く解消するため、相生橋は震災後、最初に架けられた橋であった。戦後、昭和五五年に小

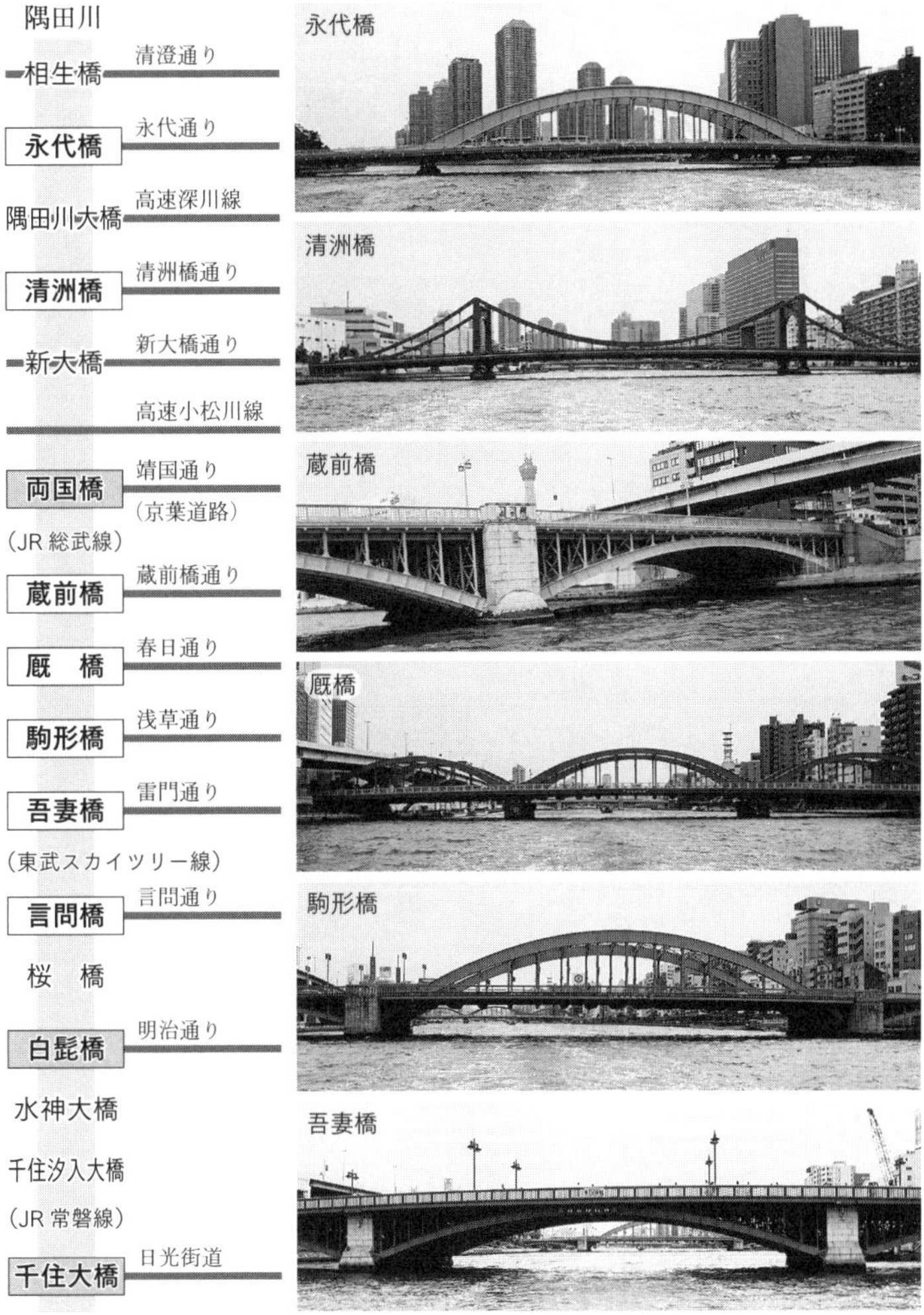

※四角で囲った白地の橋は帝都復興事業によるもの。写真はそのうちの言問橋（図4－4）を除いた橋。グレー地の橋は帝都復興事業とは別の予算によって同時期に架けられた橋

図4－6　現在の隅田川に架かる橋

橋下が埋め立てられたために中の島が深川と陸続きとなり、平成一〇（一九九八）年に現橋に架け替えられた。

その上流にあるのが永代橋と清洲橋である。永代橋の創架は元禄一一（一六九八）年で、千住大橋、両国橋、新大橋についで古くからある橋である。震災時に多くの犠牲者を出したことはすでに述べたとおりである。

一方、清洲橋は震災後に新しく架けられた橋である。「清洲」という名称は公募によるもので、建設当時の両岸の地名である深川区清住町（現在の江東区清澄一丁目）と日本橋区中洲町（中央区日本橋中洲）から命名されたものである。なお、震災前には付近に中洲の渡しがあった。表4－5での建設費の多さからもわかるように、永代橋と共に帝都復興事業を代表する橋として計画された。「帝都東京の門」と称された永代橋と対になるような設計で、「震災復興の華」と呼ばれる優美なデザインで設計された。当時世界で最も美しい橋と称されていたドイツ・ケルン市のヒンデンブルグ橋をモデルにしたといわれている。ところが、両橋を架ける地盤は隅田川のなかで最も悪く、橋台の基礎に干潮面下三〇メートルの硬質地盤に達するケーソンを用いなければ傾く恐れがあった。このため、米国から潜函工事に詳しい専門家を招聘するなどして、わが国の橋梁界に一線を画する大工事となった。[4]両橋は平成一九年に国の重要文化財に指定された。

次にあるのが新大橋と両国橋である。新大橋が震災でほぼ無傷であったことは先に述べたとおりであるが、両国橋も被害は比較的軽微であった。作家の田山花袋は震災直後の九月五日に愛妓の安否を確認すべく向島へ向かった。行きは命からがら大被害を受けた厩橋を渡るが、帰りに両国橋を渡り、「私は橋の上に立って、その焼け落ちなかったことを心から祝福せずにはいられなかった」と『東京震災記』で述べている。[5]

このため、両国橋は帝都復興事業の対象にはならなかったが、当初は大正通と呼ばれた幹線第2号である靖国通りが通ったこともあり、昭和七年に東京市によって架け替えられた。その際、旧橋の一部は中央区を流れる亀島川の隅田川との合流地点近く（中央区湊一丁目）に南高橋として移され、今も使われている（図4－7）。南高橋のたもとにある中央区による説明板には、東京市は多くの橋を改架したため、予算も乏しくなり、明治三七（一九〇四）年に改架され大震災で損害を受けた隅田川の両国橋の三連トラスの中央部分を補強し、橋幅を狭めて南高橋として架設したと書かれている。都内では珍しい明治期の橋梁であることから、平成二八年度に土木学会選奨土木遺産に認定された。

図4－7　現在の南高橋

両国橋からJR総武線の鉄橋を挟んであるのが蔵前橋である。蔵前橋の位置は震災で大量の死者が出た陸軍被服廠跡のすぐ近くである。創架に対し小説家の矢田挿雲は、震災の翌年に出版した『江戸史蹟巡り：熱灰を踏みつゝ』のなかで、「両国橋が明暦大火の供養にできた回向院と関連せる如く、今回三万三千（正しくは三万八〇〇〇）の焼死者を出せし被服廠趾から対岸の蔵前へ架橋することは、痛ましき記念ではあるが又喫緊事に相違ない」と述べている。[6] 被服廠跡には後に犠牲者を供養するために震災記念堂が建てられた。両国橋の創架から二五〇年余りが経っての蔵前橋の創架の意味を考えさせられる指摘である。

蔵前橋の上流三橋のうち厩橋と吾妻橋は東京市による施工で、震災前からあった橋梁の再架橋である。一方、駒形橋は復興局によるもので、浅草寺御本尊の起源の地に立つ駒形堂にちなんで命名されたもので、震災前には付近に駒形の渡しがあった。

さらに上流にあるのが図4－4に示した言問橋である。向島にある三囲神社詣のために竹屋の渡しがあった場所に創架されたもので、両岸に隅田公園を配し、復興当初、隅田川一二橋のうちで最も優雅な橋といわれた。[2]

言問橋より上流は震災による焼失区域からはずれた地域で帝都復興事業の対象外であった。そこにある白髭橋と千住大橋はいずれも木橋であったが火災を免れた。白髭橋は、震災前は通行料により経営される民間経営の橋であったが、経営難から大正一四（一九二五）年に東京市が買い取り、昭和六年に鉄橋に架け替えられた。また千住大橋は震災前から架け替え計画があり、昭和二年に鉄橋に架け替えられた。

人工の渓流　神田川

先に図２－２で東京における主な河川として、隅田川の他に神田川と外濠（日本橋川）を示したが、これらの水路でも帝都復興事業によって架けられた多くの橋梁が今も使用されている。神田川は、上流部は明治になって廃止されるまで神田上水と呼ばれ、江戸っ子が「神田の水で産湯を使い……」と自慢するもとになった川である。一方、水道橋より下流部は、第２章でも述べたように元和六（一六二〇）年頃に掘られた人工河川で、お茶の水橋や聖橋付近ではまるで渓流のように台地を大きく削って流れている。

図４－８に、神田川に架かる橋のうち、飯田橋より下流部における橋名を並べてみた。道路橋は全部で一四橋あり、平成元（一九八九）年創架の歩道橋である神田ふれあい橋を除いた一三橋が帝都復興事業で架けられたもので、そのうち四角で囲う一〇橋（平成一二年に大改修が行われた左衛門橋を加えると一一橋）が現在も使われている。

主な橋をみると、まず、神田川の渓谷の美しさを生かすように、特にデザインに気を配って架けられたといわれる橋が聖橋である。[4] 幹線第12号である本郷通りに架かる橋で、その名もニコライ堂と湯島聖堂を結ぶことから付けられた。竣工は昭和二（一九二七）年。深い渓谷に架けるという工事の難しさもあったが、総工費は約七二万円（約三六億円）と、中小河川の橋梁のなかでは後で述べる江戸橋に次ぐもので、平成二九年度に土木学会選奨土木遺産に認定されている。

そのすぐ下流の橋が昌平橋である。昭和三年竣工で、わずか八ヵ月の工期で完成した橋である。

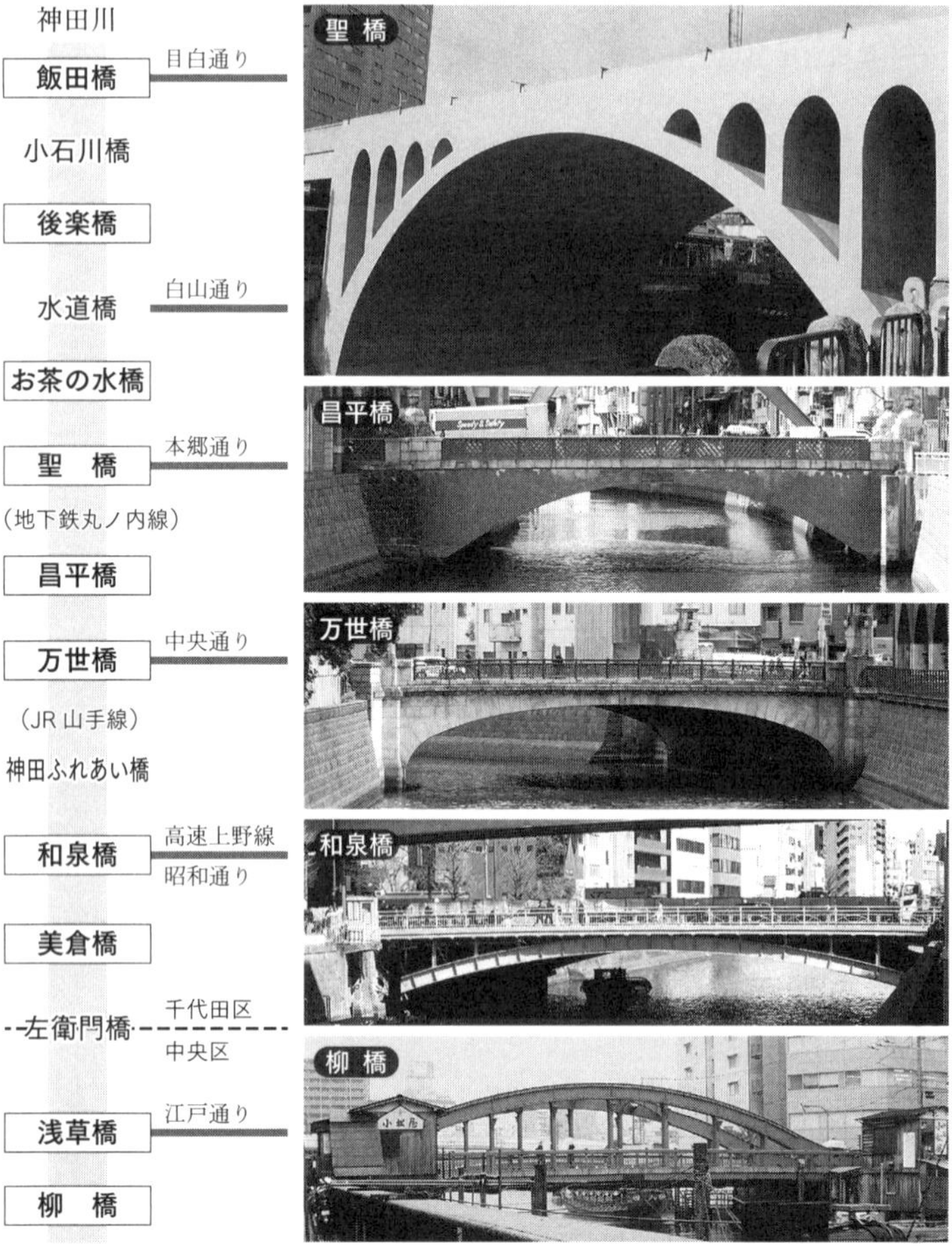

※四角で囲った橋は帝都復興事業によるもので、現在も使用されているもの。写真はそのうちの主な橋

図4-8　現在の神田川に架かる橋

総工費も約四万円と比較的少ないが、万世橋の交通を緩和する橋として、また上流の聖橋と下流の万世橋と共に復興の「艶姿《あですがた》」を神田川に写す橋として賞賛された。[4]

隣の万世橋は震災前、交通の要衝でまさに東京の中心だった。上野駅と神田駅の間には山手線はまだなく、中央通りを市電が頻繁に走っていた。このため、万世橋は被災したが震災後ただちに修復されている。その後、橋の建設が帝都復興事業に指定され、後で述べる地下鉄銀座線の渡河工事に伴う水路変更の必要もあって、いったん東側下流の木製仮橋に移転した後、昭和五年に現在の橋に架け替えられた。四メートル近くの高さを誇る四本の親柱に、三角屋根を載せた独特なデザインが特徴的である。

万世橋からJR山手線の高架橋を挟んで下流側にあるのが和泉橋である。総工費は約三一万円で、わずか九ヵ月の工事期間で昭和四年に竣工した。幹線第1号で幅員が四四メートルもある昭和通りの橋であることから、下を流れる神田川の川幅三六メートルより橋幅が広い橋である。第3章でも述べたように、道路幅が災いしてか、現在は橋上に首都高速1号上野線が通っている。

橋は下流に向かって美倉橋、左衛門橋、浅草橋、柳橋と続き、神田川は隅田川へと流れ込む。美倉橋までが千代田区であるが、左衛門橋より下流部では北側が台東区、南側が中央区となる。ここまで聖橋から浅草橋までの橋はすべて道路下がアーチ構造となる上路式アーチ橋であるのに対し、柳橋だけは道路の上がアーチ構造となる下路式アーチ橋である。総工費は約一二万円で、工期は一年五ヵ月を要し、昭和四年に竣工した。上部の工費は下部の工費の二倍半も要したという。

柳橋の下流部右岸には復興記念碑と中央区による説明板などがある。復興記念碑からは建設を復興局第二出張所が担当したことがわかる。また復興局では隅田川に流れ込む河川の河口部第一橋は、隅田川を上り下りする船の船頭が橋の形を見れば目的の河川かどうかがすぐにわかるようにと、一つ一つデザインを特徴あるものにしたと説明されている。先に図4-7で旧両国橋の移設先として示した南高橋は亀島川の河口部第一橋であり、またこの次に説明する豊海橋は日本橋川の河口部第一橋である。

都心を彩る日本橋川

神田川の小石川橋付近から南に分流するのが現在の外濠（日本橋川）である。江戸時代のはじめに現在の神田川が掘削されるとそちらが本流となり、小さな水路となって、江戸時代後期には現在の新川橋以北に水路は見当たらなくなっていた。明治になり、船運のために再び掘削されて神田川に水路が接続し、現在に至っている。図4-9に示すように、日本橋川は神田川から分かれてすぐの三崎橋から外濠として江戸城に沿って流れている。常盤橋の先で二つに分かれ、一方は外濠川として呉服橋へ、もう一方は日本橋川として隅田川へとそそいでいたが、外濠川は埋め立てで消滅し、現在は日本橋川のみが残っている。残された河川もほぼすべてが首都高速5号池袋線と都心環状線の通り道になっており、全景をみることが難しい橋ばかりである（詳細は第5章）。

外濠・日本橋川には現在、全部で二四の道路橋が架かっている。そのうち平成一四（二〇〇二）

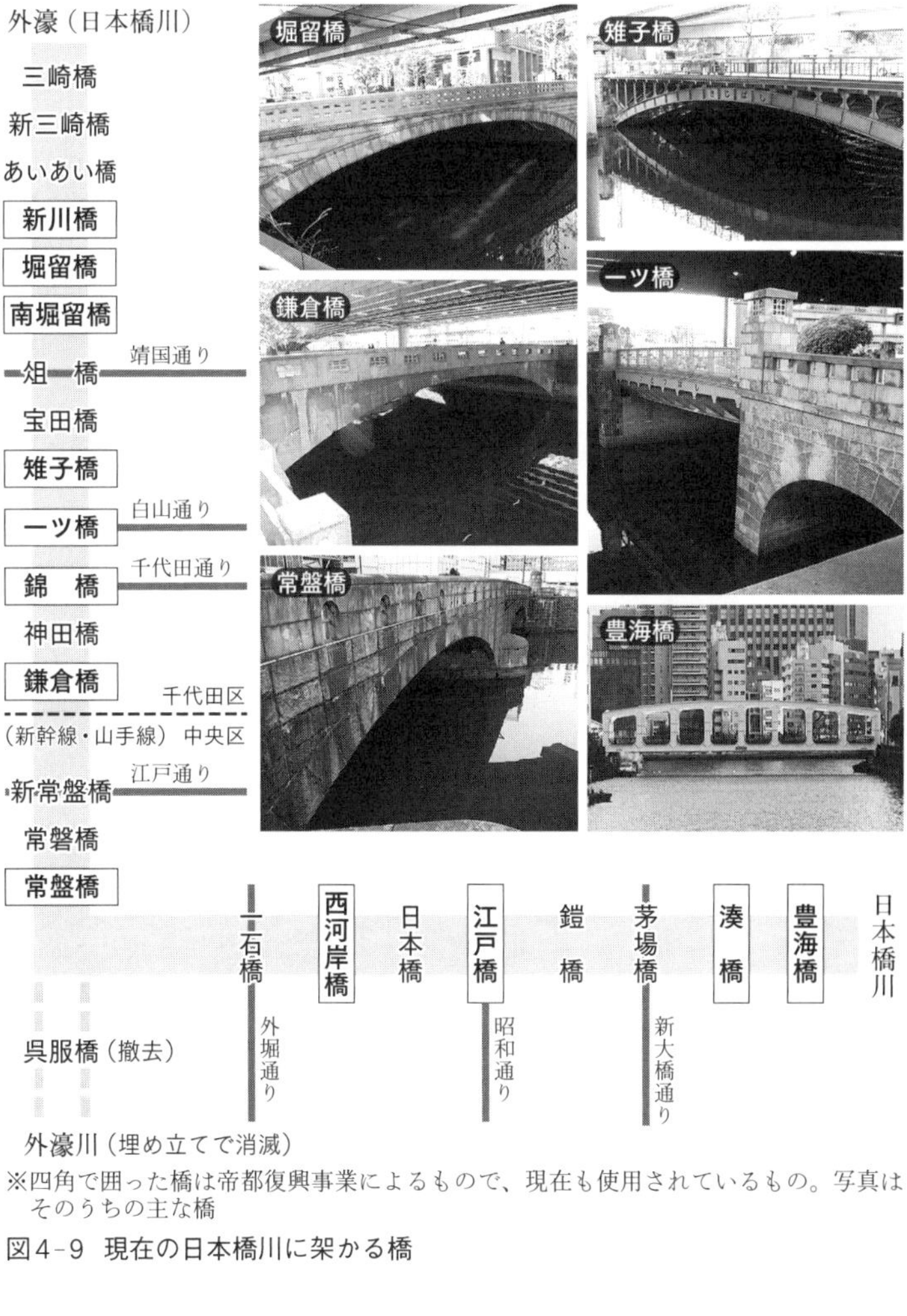

※四角で囲った橋は帝都復興事業によるもので、現在も使用されているもの。写真はそのうちの主な橋

図4-9　現在の日本橋川に架かる橋

年創架のあいあい橋、帝都復興時に木橋で創架され戦後架け替えられた宝田橋、明治一〇（一八七七）年架橋で震災にも耐えた石造アーチ橋の常磐橋、同じく震災に耐えた一石橋、日本橋、鎧橋の合計六橋以外の一八橋は、すべて帝都復興事業で新しく架けられた橋である。そのうち現在も使用されているのは四角で囲む一二橋である。

上流部から順に主な橋の現状をみる。まず堀留橋の親柱には「大正十五年五月完成」のプレートを確認することができる。総工費は約二一万円（約一一億円）、工期一年二ヵ月で造られた。架橋地点の地盤は悪く、基礎工事には相当深くまで松丸太の杭が打ち込まれた。[4] 東側の神田神保町から水道橋にかけては大池を埋め立てた場所であり、この地点も池の一部に含まれていた可能性がある。

堀留橋から雉子橋までの間には三橋ある。そのうち俎橋《まないたばし》には幹線第2号の靖国通りが通っている。雉子橋は工期一一ヵ月で大正一四（一九二五）年に竣工した。大手町から飯田橋に至る幹線第14号（現在の雉子通り）が通る橋梁である。その下流は一ツ橋である。幹線第13号である白山通りの起点となる橋で、親柱には「大正十四年十一月竣工」というプレートを現在も確認することができる。橋のたもとには江戸城の石垣が残されている。河岸にRC造のアーチ型の橋台を設けた鈑桁《ばんげた》橋で、珍しい形式の橋である。徳川家の御三卿の一つの名前にもなった橋で、その由緒正しさも考慮したデザインであろう。

そこから二橋を挟んで鎌倉橋がある。帝都復興事業で初めて鎌倉河岸と大手町の間に架けられた橋である。東京駅北口から昌平橋を渡り、池之端へ通じる幹線第35号（現在その部分は外堀通り）の橋として架けられた。総工費は約一八万円、工期一年二ヵ月で昭和四（一九二九）年に竣工した。鎌倉河岸は徳川家康が江戸に入府した際、鎌倉から石材を運び込み、この河岸に陸揚げしたのが名前の由来である。この地点も地盤が軟弱で、七メートル余りの松丸太を基礎杭として打ち込んだ。この地は日比谷入り江の最奥部にあたる。

　鎌倉橋を過ぎると東北新幹線と山手線の高架があり、千代田区から左岸だけが中央区に代わる。そこに三つの「ときわばし」がある。帝都復興事業で創架され、今も使われている橋は、一番下流に位置する常盤橋である。常盤橋の名前は、本来この橋の上流に位置する江戸城常盤橋御門の前に架けられた常磐橋の名称であったが、この橋が大正一五年に架けられた際に譲られた。総工費は約二九万円である。

　一方、常磐橋は帝都復興事業での「古橋保存」で特別保存された橋である。現在も国の史跡に指定され、歩道橋として使用されている。橋の名に「磐」の字が用いられているのは、「皿」は壊れやすく、橋には縁起が良くないとの理由からだったという。[7]

　残る新常盤橋も、復興事業の一環として昭和四年に架けられた。ところが東北新幹線の東京駅への延伸工事に伴い撤去され、現在は新幹線をかすめるように新しい橋が架けられている。帝都復興事業での新常盤橋は幹線第11号（現在の江戸通り）にかかる重要な橋であったが、総工費は約六万円で、先の常盤橋がいかにお金をかけた橋かがわかる。常盤橋は東京駅や日本橋に近く、日銀や老舗の三越など東京を代表する施設や店舗があることを考慮してのことであろう。常盤橋は令和二

（二〇二〇）年度に土木学会選奨土木遺産に認定されている。常盤橋は竣工当時、そのデザインを生かし、日本橋川とも相まって、後で述べる日本橋や江戸橋とともに東京の都心を彩る景観を演出していたものと思われる。残念ながら現在は、上を走る首都高速都心環状線の橋脚によって橋全体を見ることすらままならない状況である。

日本橋川は下流の一石橋で外濠からはずれ大きく東へ向きを変え、次の西河岸橋を過ぎると、江戸・東京の象徴で震災にも耐えた明治の名橋日本橋がある。その姿はたもとにある老舗三越とともに、関東大震災の被害や復興の写真には必ず登場するほどである。その日本橋と並んで下流部に架かるのが昭和二年竣工の江戸橋である。帝都復興事業において中小河川の橋梁中最高の約八三万円（約四二億円）を費やし、工期は三年もかけて造られた。[4] 帝都復興事業を代表する昭和通りの橋として、また隣接する名橋日本橋を意識してのことであろう。

そのような事情にはお構いなく、首都高速道路はこれらの地点でも川面を覆いつくしている。長いトンネルを抜けて橋上から空の眺望が拝めるようになるのは、さらに二橋を挟んで下流にある湊橋からである。その手前で日本橋川は亀島川を分流し隅田川へと到達する。その地点に架かる河口部第一橋が豊海橋である。梯子を横置きにしたような珍しい形の橋で、霊巌島側（新川一丁目）の橋詰にある中央区の説明石によれば、隅田川に架かる名橋永代橋との均衡を保つように設計されたものであり、形状の奇抜さは河口部第一橋を意識してのことである。総工費は約一七万円で工期は約九ヵ月、昭和二年に竣工した。この地点も河口部のため地盤が悪く、基礎工事には松丸太が約九メートルも撃ち込まれた。[4]

一石橋から下流部の日本橋川で、帝都復興事業で架橋された橋はその後架け替えられた茅場橋も含めて五橋ある。図4－9の四角で囲う四橋は改修の程度の差こそあれ、当時の姿をとどめている。

（4）公園建設に懸けた思い

ロンドン・パリに近づきたい

震災前の東京市内の公園事情は悪く、一人あたりの公園面積はわずかに〇・三坪（一坪は三・三平方メートル）に止まり、ロンドンの二坪半、パリの二坪、ワシントンの一六坪に対して、数十分の一という状況であった。[8] 数少ない公園としては、日比谷公園、浅草公園、上野公園などの他に、震災後、小学校と併設されるよう作り変えられ、復旧小公園と呼ばれるようになる公園があったが、すべて合わせても三三ヵ所であった。復旧小公園は、千代田公園、坂本町公園、数寄屋橋公園、今戸（日本堤）公園、下谷（竹町）公園などである。

明治二二（一八八九）年の市区改正計画では四九ヵ所の公園計画が立てられたが、思うように実現しなかった。市民がそれほど公園の必要性を感じていなかったことも大きな原因の一つである。それが震災で風向きが変わり、浅草の観音さまも公園があったから何万人助かったとか、上野公園で何万人助かったとか、深川では岩崎さんの別荘があったからたくさんの人が助かったなど、非常の時に避難場所となる公園をもっと用意しなければと市民が思うようになった。ところが、震災から時間が経ち、復興が現実問題となってくると、公園をつくるなら道路を広げてそれに沿って植栽を施す方が防災上効果的であるなどの意見に止まらず、この上、住宅敷地をとられては土地の盛衰にかかわるなどの反対運動まで起こった。[9]

当時はやはり道路・橋梁等が第一であり、公園は副次的で遊園的なもので、下層階級の住民には用をなさないなどの考え方が根強くあった。また行政のなかで公園が占める位置も低かった。このようななかで、市民の批判にも応え、公園本来の意味を説明しながら計画が進められた。背景には帝都復興事業の特徴である公共性優先と、帝都にふさわしい街づくりという基本的理念があったものと思われる。結局、復興局が隅田、浜町、錦糸の三大公園を、東京市が五二の復興小公園をつくることになり、大正一四（一九二五）年から計画が実施されるようになった。復興局は公園課長の折下吉延、東京市は先に紹介した公園課長の井下清が担当した。公園建設の費用は約二六〇〇万円で、そのうち三大公園に一二〇〇万円、復興小公園に一四〇〇万円が使われた。

事業が進み始める大正一五年頃になると、ようやく大半の市民も公園の役割を理解するようになり、昭和三（一九二八）年六月四日の東京日日新聞には以下のような記事も見受けられる。まず、「都会の真中に、緑の公園を持つことは、最早《もはや》決して贅沢なる欲望ではなくなった。……その国の公園の優劣が、同時にその国民の精神的保健的優劣を測るバロメーターであることはいうまでもない」と述べられ、市民の公園熱に対し、計画を進めつつある府市当局に対しては、「随所に大小の公園を増設して、市民の手軽に近づき易き所を万人共楽の美しい緑の庭とすることを希望してやまないのである」と書かれている。[9]

世界に誇れる隅田公園

「公園の父」と呼ばれ、日比谷公園の設計で有名な本多静六は後藤新平の信頼が厚く、参与会のメンバーでもあり、また震災記念堂建設にあたっても庭園顧問として関わっていた。本多は帝都復興事業でできあがった公園を見て回った感想を、以下のように述べている。[3]

私共は理想としては今日の計画に決して満足して居りませぬ。……それは今言った所が仕方がない。……浜町公園と錦糸公園の方は、あゝ云う公園は外国の何処にもあるから自慢になりませぬが、隅田公園だけは喜んで居ります。……面積の割に両方へ細長いから大変大きく見える。桜も二通りしかなかったのを四通りにして恰《あたか》も悩々《とうとう》たる隅田川を公園の中に流して居るように見える。それで数年経ってあの桜が繁茂して両方の並木が殖えて来たら、先ず臨川公園として世界の一二を争うものになるであろうと思う。……あれだけは私は日本の一つの誇りになるであろうと思う。川添公園として、桜のある公園として有名な日本の名物の一つになるであろうと思って居る次第であります。

隅田公園は、復興院において後藤新平から名勝史蹟の隅田堤を復興させるために出された設置案に端を発しており、三大公園のうち半分以上の費用をかけて造られた[10]。現在の墨田区に属する東岸は枕橋から桜橋の先あたりまで、対岸の台東区に属する西岸は吾妻橋わきから浅草今戸付近まで、隅田川を挟んだ一体の公園として設計された。東岸には水戸徳川邸跡、牛島神社、三囲神社、弘福禅寺、長命寺などの旧蹟が再整備され、西岸にはボートレース場と陸上競技場が造られて水陸両競技場を備えることとなった。折下は昭和四（一九二九）年の新聞紙上で「近代都市における公園の価値」と題して「従来公園は単に都市の装飾であり、都会の窓であり、市民の休息所であるに過ぎなかった。然るに近来においては、更に一般積極的な公園存在の意義を賦課するに至った。即ち公園をして市民の運動場たらしめ、以て市民の体育増進を計らんとすることである」と述べている[9]。このような観点は次に説明する復興小公園にもよく反映されている。

吾妻橋の東詰めには、吾妻橋一丁目町会がアサヒビールの吾妻橋工場と協力し、関東大震災と戦災の犠牲者の慰霊のために建立した「あづま地蔵尊」がある。そこから隅田公園へと向かうと、すぐに「隅田公園入口」と書かれた石碑が立っている（図4-10）。この石碑は、昭和七年に吾妻橋一丁目町会の前身である吾妻橋親和会が、アサヒビールの前身である日本麦酒株式会社の協力をえて隅田公園に桜を植栽し、記念として建立したものである。隅田公園は新時代の帝都にふさわしい公園として、市民の支持も得て建設されたことがわかる。

日本が世界に誇るべき市民公園として誕生した隅田公園は、戦後、受難の歴史を迎えることになる。[11] 昭和三六年から台風の高潮対策として、いわゆるカミソリ堤防が建設された。高さを確保するために従来の堤防の上にさらに堤防を継ぎ足した結果、カミソリのように薄くてとがった形をしているのでこの名がつけられた。これによって川べりから隅田川が一切見えなくなってしまった。また昭和三二年には、浅草側に台東区が体育館（現在のリバーサイドスポーツセンター）を建設し、オープンスペースが減少した。現在、日本の大都市の公園には公共用地不足解消のために、体育館、ホール、美術館、図書館などの建物が多く建てられている。三大公園も例外ではなく、浜町公園には中央区立総合スポーツセンターと浜町メモリアル、錦糸公園には墨田区総合体育館が建てられ、大きな面積を占有している。

図4-10　隅田公園の開園に合わせて建てられた標石

そして、最も決定的な破壊は、昭和四二年に決まった首都高速6号向島線の建設である。帝都復興事業で公園建設を指揮した折下吉延は、当時の東京都公園審議会においてこれに強く反対したが、受け入れられなかった。現在、墨田区側ではその下を都道461号線（墨堤通り）が通り、川沿いのプロムナードはなくなってしまった。先に図4-4で示した言問橋付近の隅田公園の様子からもそのことがうかがえる。これによって臨川公園としての隅田公園は消滅した。復興当時の市民が隅田公園のためにと建てた石碑も、今では高速道路下に沈んでいる。

越沢明は『東京都市計画物語』のなかで、残された緑地が都道461号線の緩衝緑地とみなされそうな現状に対し、「緩衝緑地だって！　冗談じゃない。あそこは帝都復興事業でつくった臨川公園が破壊された残骸、〝遺跡〟なのだよ。本当にリバーフロントを考えているなら、過去の歴史を学び、少しでも〝遺跡〟の復元を図るべきではないのかね。そうしないと、バチが当たるよ」と叫びたくなると述べている。[11]

地域のシンボル五二復興小公園

復興小公園は、その名のとおり平均一ヵ所三〇〇〇平米の小さな公園である。人口密度が高い台東区の入谷公園（現在の金杉公園）や田原公園は最小の一七〇〇～一八〇〇平米、新しい埋め立て地で比較的土地に余裕があった中央区の月島第二公園は最大の四七〇〇平米となった。小公園建設の第一の目的は、体育をする広場も満足に有していなかった当時の小学校の狭さによる弊害を解消することであった。一方で、児童生徒が利用しない時は一般市民が自由に散策できる場所となり、非常時には防火用地、避難場所とすることも考えられた。

第一の目的からすれば、復興小学校一一七校それぞれに隣接して一小公園をつくるのが理想であったが、用地買収などの予算の関係から半数弱の五二の小公園をつくるのがやっとだった。[8]建設費は約一四〇〇万円で、そのうち約一三〇〇万円が主に民間からの用地買収費にあてられ、区画整理の減歩率一割だけでは賄いきれなかったことがわかる。それでも、冒頭で述べた震災前からあった五公園も復旧小公園として復活させて、小学校と隣接する公園は全部で五七ヵ所となった。焼け跡にできるだけ均等につくられた結果、現在の千代田区に七、中央区一四（うち復旧三）、港区二、文京区二、台東区一七（復旧二）、墨田区八、江東区七である。

公園は子どもの運動を考えて六〜七割は広場で、学校との間には簡単な柵を設けつつ、行き来できるよう広い連絡通路がつくられた。小公園の周囲は中央部の広場よりやや高い植込地として、小学校の教科書に載っている植物類はなるべくこれを植栽するようにされた。広場は集団運動に適するように細砂を用いて仕上げ、四阿《あずまや》または藤棚を設けて休憩所とした。また、園内には〝最も忘れてはならない施設〟として子どもの遊戯場を設けることにし、滑り台、ブランコ、砂場、シーソー、ジャングルジムなど、当時としては最新式の遊具をそろえた。また意匠には瀟洒な門や壁泉、露床、パーゴラなど西洋的なものを取り入れて、飲用水栓やトイレなども完備した[8]。このため、市民は家庭の延長として夕涼みに利用したり、集会・催物・ラジオ体操に利用したり、当時としては抜群に清潔な公衆トイレは毎朝人々の列ができるほどであったといわれている[9]。小公園は市民にとっても身近な世界にモダンな夢のような空間を与える地域のシンボルとなった。

当時、東京市には約一五万人の学齢児童がおり、これに就学前の幼児を加えると優に二〇万人を超えた。震災前は学校の運動場は狭く、遊び場はもっぱら自宅や周辺の路上にならざるをえず、震災後は区画整理事業で宅地は一層狭くなり、広がった道路は交通量の増加で街路での遊びは極めて危険となった。このようななかでの復興小公園の建設はまさに時宜を得たものであったといえる[12]。

一方、当時の市民の子ども観を推し量る上で興味深いのは、千代田区の神田神社にある「神田児童遊園の記念碑」である。正面の碑文を要約すると、大正一四（一九二五）年の八月頃に神田区鍋町で、有志が相談して市復興局の用地を借り受け、児童公園が造られた。児童や保護者たちを楽しませる目的で造られたが、その役割を終えるにあたり、公園にある木や石を氏神である神田神社に納めることになった。この公園は、震災後の児童たちの健康上だけではなく、精神上もおおいに役立った。今でいう、震災で傷ついた「子どもの心のケア」のために地域住民自らが児童公園を設けたらしい。建碑賛助員は団体も含めて一〇四にもおよび、これらの人々はおそらく、児童公園をつくる時にも整備費用の負担などを申し出たのではないかと思われる。鍋町付近は震災ですべてが焼失した地域であり、また神田青果市場もあって、市場の移転も含め土地区画整理で住民の負担は相当なものであったことが想像される。そのようななかで、地域の子どもたちのために力を尽くす住民の姿がみえる。子どもを大切に思う市民の心が復興小公園や次に述べる復興小学校の建設など、子どもを念頭においた復興事業を支えたのではないかと思われる。

残念ながら、復興小公園の設備は第二次世界大戦中の金属供出や空襲による被害などで多くが失われ、戦後も元どおりの姿に復旧されたものはない。これは三大公園も同じで、先に述べた隅田公園の例からもわかるように大切にされてきたとは到底思えない。そのようななかで、文京区本郷一丁目の元町公園は、昭和五七（一九八二）年の改修時に往時の姿に復元された。残念ながらその後の管理が十分でなく、往時の姿を偲ぶにはほど遠いが、正面入り口の門と正面にある壁泉の写真を

図4－11に示す。

私はすべての復興小公園と復旧小公園の現状を調査した（詳細は巻末主要文献（8）（9）に記載）。その結果、五七の公園のうち全体が学校の敷地となるなどして消滅したものは四例あるが、いずれも代替公園が近くに設けられている。都心の人口減少で小学校の統廃合が進み、令和二（二〇二〇）年現在、隣地に小学校があるのは三四公園である。

図4－11　復元された元町公園の正門と壁泉

復興小公園のほとんどは現在も存続し、第一の目的であった小学校教育を支えるという役割をさまざまな角度から果たしてきた。また、現地では幼児を連れた家族や園児を遊ばせる保育士さんたちの姿もよく見かけた。児童遊技場としての役割も継続しているようである。また一般利用に関しては、朝のラジオ体操場となったり、お年寄りがゲートボールをしたり、盆おどりなど地域の行事を行う場を提供したりしているケースが多い。さらには晴れた日の昼休みなどに、付近の労働者やサラリーマンが昼食や休息をとる姿もよく見かけた。この他にも、公園には自主防災組織の防災倉庫が設置され、災害時の一時集合場所に指定されているケースも多くみられる。小公園はまさに空き地の少ない都心部の貴重な空間となっていることがわかる。一方で、品格や美観の面からみると、建設当初の地域のシンボルとしての姿を感じる公園は一つもない。

品格を伝える復興小学校

一方で、震災復興当時の姿をとどめる建物は今でも復興小学校にいくつかみることができる。図4-12に主なものを示す。戦後、多くの学校では児童数の増加によって校舎の建て替えが行われたが、建て替えられた校舎のほとんどは現在の耐震基準を満たさず、耐震補強のためのすじかいが見られるのに対し、図4-12に並ぶ、今も活躍するこれらの建物にはそれらが見あたらない。ここにも帝都復興事業における、耐震・耐火はもちろん、子どもを大切に考えた丁寧なものづくりの一端が感じられる。

図4-12のうち左上の泰明小学校は中央区銀座五丁目にある。校地は復旧小公園である数寄屋橋公園に隣接している。学校は明治一一（一八七八）年、公園は大正三（一九一四）年の創設で、いずれも震災前からこの地にあったが、震災後の土地区画整理によって小学校の校地を広げて現在の校舎が建てられた。すばらしいデザインの校舎で、門扉は南フランスの貴族の館で使用されていたものである。今でも夏場には校舎に蔦の葉がからまり、銀座のシンボルとしても恥ずかしくない表情を備えている。校舎は東京都選定歴史的建造物に指定されている。

その右側は、中央区日本橋本石町四丁目の常盤小学校である。明治六年創立で、東京では最も歴

泰明小学校（中央区）

常盤小学校（中央区）

九段小学校（千代田区）

黒門小学校（台東区）

旧十思小学校（中央区）

旧小島小学校（台東区）

図4-12　現役で活躍する主な復興小学校の建物

史のある小学校の一つである。校地は震災前と変わらず、震災後、西側に復興小公園である常盤公園が併設された。現在の建物は昭和四（一九二九）年に建設されたもので、東京都選定歴史的建造物となっている。常盤公園とは校舎で接しており、昭和二五年に公園を侵食する形でプールが造られた。

中段左側は千代田区三番町の九段小学校である。同校は昭和二二年まで上六小学校と称した。震災後の大正一五年に校地を東側に広げて復興小学校として再建され、西側には復興小公園である上六公園が昭和四年に開園した。その北側上段には日露戦争の際に連合艦隊司令長官として活躍した東郷平八郎元帥の居宅があった。東郷元帥が昭和九年に逝去されて後、同元帥の記念会から東京市に敷地が寄付され、もともとあった下段の上六公園と合わせて昭和一三年から東郷元帥記念公園として開園した。公園にはその歴史を伝える由来碑と東郷邸にあったとされるライオン像などがある。

一方、小学校の校舎は北棟と西棟が大正一五年の復興時に完成し、さらに東棟が体育館棟として昭和四三年にできてコの字型校舎となった。平成二七（二〇一五）年から始まった校舎の改修工事では、西棟（三階建）を保存し、北棟と東棟を四階建の新しい建物に改修した。写真は復興当時の姿をとどめる西校舎である。

中段右側は台東区上野一丁目の黒門小学校である。黒門小学校は明治四三年、仲徒小学校が仲御徒町から当時の西黒門町五番地に移築され、創立した。上野広小路が折れ曲がって枡形となった新黒門町と呼ばれた場所である。震災で校舎が全焼し、大正一三年にバラックの仮校舎が完成した。

翌年には区議会の決議に基づき、校地を拡張するためやや西側の現在地に土地を購入した。校舎を建てるため、昭和三年から全学年の児童を上野の寛永寺の子院である凌雲院へ移した。工事は昭和五年までかかり、鉄筋コンクリート三階建の現在の校舎が落成した。校地の北側は湯島天神男坂に通じる道路で、そこに正門がある。丸窓が美しい校舎は南に開いたコの字型で、南東角に講堂兼用の屋内体操場がある。隣地に復興小公園は設置されていない。

最後の二つは、人口減少の影響ですでに閉校となったが、校舎が復興時のまま公共施設として利用されている例である。下段左側は中央区日本橋小伝馬町の旧十思《じっし》小学校である。校名は、中国の古典に由来する「十思《じっし》之疏《のそ》」（天子がわきまえる十ヵ条の戒め）と、明治一〇年の開校当時、第一四小区の学校であったということから、語呂合わせの好い字という意味で「十思」をあてたといわれている。震災復興時に十思公園が復興小公園として学校に隣接して整備され、昭和三年に小学校に鉄筋コンクリートの校舎が新しく建てられた。廃校となって以降、平成一三年から区の複合施設の十思スクエアとして活用されている。写真は南西部の正面玄関である。この建物も現在、東京都選定歴史的建造物となっている。

復興小公園である隣の十思公園は江戸時代、小伝馬町の牢屋敷があった場所である。吉田松陰が処刑されたところとして、今もゆかりの石碑が立てられている。震災前には大安楽寺、祖師堂、鬼子母神、円光寺（円光大師）などがあったが、震災後、土地区画整理で時の鐘通りを挟んで南へ移動し、その跡に復興小公園が造られた。その際、円光寺は郊外の世田谷区大蔵に移転した。

公園内にある「石町時の鐘」は江戸時代のはじめ頃、町民に時刻を知らせていた鐘である。宝永八（一七一一）年の鋳造で、震災の頃には本石町の大店の松沢家の庭にあった。震災で鐘楼が焼けて地面にそのままになっていたのを地元の十思後援会がもらい受け、昭和二年に当時の十思小学校六年生が本石町より学校の近くまで運んできた。街の人々は震災の火事にも負けなかったこの鐘を学校の近くにおいて高らかに鳴らし、子どもたちがこの鐘のように強く生きることを願ったのだという。昭和五年に鉄筋コンクリート造の鐘楼が造られ、現在に至っている。鐘楼は公園の四阿も兼ねている。

下段右側は台東区小島二丁目の旧小島小学校である。旧正門を入ると右側に台東区教員委員会による記念碑がある。それによれば創立は明治四一年で、震災のために校舎が全焼し、罹災民救護所の一棟で授業を行い、昭和三年に鉄筋コンクリート三階建の校舎が落成した。平成一五年に近くの蔵前小学校に吸収されて閉校となり、現在は中小企業振興センター、小島アートビレッジなどとして復興当時の校舎が使われている。

この他に、令和二（二〇二〇）年時点で復興小学校の建物が残っているのは、台東区では東浅草小学校（東浅草二丁目）、旧坂本小学校（下谷一丁目）、旧下谷小学校（東上野四丁目）、旧柳北小学校（浅草橋五丁目）、中央区では旧京華小学校（八丁堀三丁目）、文京区では旧元町小学校（本郷一丁目）などである。

（5）市場と電車

築地市場の完成と流通の近代化

震災前のわが国における食料品などの生活必需品の流通は大変複雑で、生産者から消費者までの間に多くの商人の手を経て行われていた。このため値段の設定も極めて不透明な状況で、市場ももっぱら私人の経営で問題が多かった。東京市は大正七（一九一八）年に市内二〇ヵ所に市設の小売市場を設けたが十分ではなく、中央卸売市場の設立を目指していた。[12] そんな矢先の震災であった。火災で多数の民間市場が焼失したのを機として、とりあえず本所両国の被服廠跡の一角（現在の江戸東京博物館があるあたり）に市設臨時江東青物卸売市場が開設された。後の中央卸売市場江東分場である。同時に市民に魚介類を提供していた日本橋の魚がしが焼失したことから、暫定的に芝浦に仮設市場を開設する一方、かねてから中央卸売市場の候補地であった築地の海軍技術研究所跡を買収し、ここに魚市場と青物・鳥獣肉などを含めた新市場を建設することになった。中央卸売市場築地本場（築地市場）である。いずれも流通の合理化をねらって大正一二年中に成立した中央卸売市場法に基づく措置である。

青物については従来、市を囲む近郊地方から集まるために一ヵ所に集約することが難しかったが、主に北西部の青物類を扱っていた神田の民営市場（神田青果市場）を現在の須田町一丁目・多町二丁目から外神田四丁目の秋葉原駅に隣接する場所（現在は秋葉原ＵＤＸ）に移転し、中央卸売市場神田分場とした。

一方、築地市場の建設は東京市が建設課長他数名を欧米のミラノやミュンヘンなど五ヵ所へ視察に向かわせるほど大がかりなもので、売場の形式としてはホール式が採用された。総工費は一五〇〇万円（のち一六五〇万円に増額）である。二〇〇〇メートル以上におよぶ市場専用の鉄道側線が敷地いっぱいに円形に引き込まれ、その内側に卸売人の売り場、さらに仲買人の売り場が円弧状に設けられた。建物は四〇〇メートルのカーブを描く巨大な屋根をもつ鉄骨造で、世界にも類をみない大規模なものとなった。築地市場および上記二分場は昭和一〇（一九三五）年に正式に開場した。

三〇〇年余り続いた日本橋の魚がしの跡にある乙姫広場（日本橋室町一丁目）には、旧魚がし関係者によって、「日本橋魚市場発祥の地」と刻まれた記念碑（昭和二九年建立）が乙姫像とともに建てられている。また築地市場に隣接する波除稲荷神社（築地六丁目）には「魚がしの碑」が建てられている。波除稲荷神社は市場移転前からこの地にある航行安全や災難除け・厄除けの神社である。この碑は大正一四年の建立で、多くの店の屋号が書かれており、震災で焼失した仮社殿の造営に際して、新しい市場に入る魚がしの卸売業者や仲卸業者が建立したものと思われる。また、横には築地市場が豊洲へ移転する際に、牛丼で有名な吉野家が平成二八（二〇一六）年に建てた碑がある。碑文によれば吉野家はもともと魚がしで働く人々に対して商売を始めたようで、大正一五年に魚がしとともに日本橋から築地に移転してきたと書かれている。このように、魚がしで働く人々を対象とする店の移転先は、多くが現在の築地場外市場であった。場外市場とその北東側の晴海通りの場所には、震災前、築地本願寺の五四の子院と墓地があった。現在、それらの子院は五寺院を残して移転している。移転年は昭和二年から四年が多く、移転の跡にこれらの商店が進出し、場外市場を形成していったものと思われる。場外市場内の店の間や晴海通り沿いには、残留した五寺院が今でも昔と変わらぬ位置にある。

一方、神田須田町一丁目には「神田青果市場発祥の地」碑がある。昭和三二年に市場関係者により建立されたもので、震災で焼失後ただちに市場は復興したが、土地区画整理のために昭和三年一二月一日に移転したと書かれている。この移転に際しては、青果市場問屋組合と復興局の交渉が行われ、営業休止期間をなくすべく、また土地区画整理の計画が遅延しないように、秋葉原の神田分場の一二月竣工に合わせると同時に、一二月中に旧市場の三〇〇余戸の建物を壊すことを条件に移転が進められた[4]。神田分場と江東分場の建設は帝都復興事業ではなく、別に東京市が政府から低利資金の供給を受けて行われた[12]。近年になって、神田分場は大田区へ、江東分場は江戸川区へ移転している。

この他に、震災によって思いもよらずに生まれた市場もある。震災発生後、東京から静岡までの交通網が完全に寸断されるなかで、海上輸送と東北方面からの鉄道は九月二日に開通した。おりしも地震による異変か、東北の太平洋側では大漁が続き、特に三陸地方のイカ、サンマはかつてない豊漁となった。このため常磐線の南千住駅に近い隅田川貨物駅には、北海道、三陸、常磐地方から貨車積みのイカとサンマが続々と到着していた。ところが、本来の魚市場である日本橋の魚がしは地震で全滅し、仮設の市場が芝浦に設けられたが、隅田川駅から芝浦市場への輸送手段がなく、多くが腐敗していった。これを見た、当時の南千住町長の岡崎直太が、衆議院議員だった南葛飾郡新宿町（現在の東京都葛飾区新宿）の中島守利と協力して、九月中旬には南千住汐入地先に「千住鮮魚販売所」が開設された。[13] さらに一一月には、現在の都立産業技術高等専門学校から汐入公園にかけての広大な敷地に、有限会社千住鮮魚販売所が設立される。当初は隅田川の河川敷に石炭がらを敷いて開設された民間の自由市場であったが、毎日三万人が買出しに訪れたという。

その後、大正一四年に汐入の魚市場は荒川の西新井橋と隅田川の尾竹橋との中間の場所に移転、東京北魚市場と改称した。さらに昭和二〇年には東京都に吸収され、千住大橋のたもとに移転して、現在の中央卸売市場足立市場となった。足立市場の歴史を遡れば、まさに関東大震災の緊急避難から生まれた市場にたどり着く。

東洋初の地下鉄道

帝都復興事業の電気事業の大半は電車事業、つまり路面電車の復旧・復興事業であった。路面電車は当時の東京市における主要交通機関であり、一日平均の乗車人数は一三〇万人に達していた。[12] 一方で、慢性的な混雑と路面を走ることによる危険性などを解消するために、震災前から地下鉄など高速度鉄道建設の重要性が指摘されていた。このため帝都復興事業においても、復興院による当初の計画には高速度鉄道の建設が含まれていたが、大蔵省との折衝や帝都復興審議会の議論を通じて、多額の経費を要することから将来に譲るべきとの結論にいたった[8]。

ところが、現在の地下鉄銀座線の上野〜浅草間はわが国初の地下鉄として昭和二（一九二七）年に開業している。これは、帝都復興事業とは関係なく、早川徳治という地下鉄に取りつかれた男によって成し遂げられた偉業である。『帝都復興史』第三巻も、地下鉄についてはわずか半頁を割くにすぎないが、「是れ実に我が交通界に一新紀元を画するものにして、復興七年間における交通界に特筆大書すべきものである」と高く評価している[8]。

早川徳治は明治一四（一八八一）年に山梨県に生まれ、早稲田大学を卒業後、鉄道の経営を志した。大正三（一九一四）年に鉄道院の嘱託として欧米視察をした際に、ロンドンで地下鉄を目にし、東京の都市交通の将来を考えて、地下鉄の建設を決意したといわれている[14]。大正五年に帰国した早川は、地下鉄の必要性を、東京市をはじめ有識者に熱心に説いて回り、さらに調査研究に基づき地下鉄建設の目論見書をほとんど独力で作り上げた。早川は翌大正六年に東京軽便地下鉄道株式会社を創設、当時の東京における交通の中枢であった品川〜新橋〜上野〜浅草間の地下鉄建設の免許申請を行い、大正八年一一月に免許が下りた。申請中に同じく地下鉄建設を目論んでいた三井系の東京鉄道と合併を決め、大正九年三月に主な実業家を網羅した一九七名にもおよぶ発起人会を開催して、発起人の引き受け株数と公募株総数を決定、東京地下鉄道株式会社を設立した。

当初、資本金は新橋〜上野間の建設に見合う四〇〇〇万円を予定したが、第一次大戦後の不景気で一〇〇〇万円（約五〇〇〇億円）とせざるをえなくなった。残りの資金を別の形で調達する必要に迫られた早川は、東京市長の後藤新平に株式の引き受けを懇請したが、財政上の余裕がないと断られ、次に考えた外資導入計画も、今一歩のところで関東大震災が起こり成立しなかった。やむなく東京地下鉄道は大正一三年一月の株主総会において、新橋〜上野間五・八キロの建設を後回しにして、上野〜浅草間二・二キロをまず建設することを決定した。そしてついに、大正一四年九月末に土木工事着手にこぎつけ、昭和二年一二月に東洋で初めての地下鉄が開業した。[15]

この地下鉄は、いわゆる路下式浅型といわれる道路を函型に切開する方法を採用し、経費削減のために掘削土量と所要資材を極力減らす努力がなされた。その結果、地上の鉄道に比較して断面積を三五％ほど小さくしている。銀座線の電車の車内が狭く感じるのはこのためである。

上野〜浅草間の各駅には一九八〇年代半ばまで、建設当時の面影を偲ばせる装飾や意匠が数多く遺されていた。現在残っているもの、また再現されているものをあげると以下のとおりである。終点の浅草駅では、吾妻橋西詰にある地上からの入口の建物は当時の姿をとどめている。またホームから見られる鉄骨むき出しの柱も当時のままである。隣の田原町駅のホームには、柱に刻まれていた歌舞伎紋が再現されている。上野駅には旧改札の再現があり、説明板には、「当時の運賃は10銭均一で切符の購入はなく直接10銭硬貨を入れて通りました（昭和6年まで使用）」と書かれている。

上野〜浅草間開業後も地下鉄建設は続き、昭和九年には当初の予定どおり東京地下鉄道によって新橋まで開業した。その間、上野駅から南に向かって工事が進められ、昭和五年には神田川の川底トンネル工事が万世橋の架け替えとともに行われた。その結果、昭和六年には銀座線の神田駅ができ、同時にわが国最古の地下街である須田町ストアが誕生した。現在でも万世橋に近い、靖国通りと中央通りが交わる須田町交差点近くの銀座線神田駅6番出口から入ると、改札まで天井が低い通路が続いている。そこがかつての須田町ストアの跡である。

一方、銀座線の新橋—渋谷間は別の民間会社の東京高速鉄道が昭和一四年に開通させた。このように、初期の地下鉄については、国や東京市など公的機関は民間任せの態度で推移したが、昭和一四年に発生した東京高速鉄道による東京地下鉄道の敵対的買収騒ぎをきっかけに、両者の経営権争奪戦が勃発することになる。翌年ついに両者の調停に鉄道省が乗り出すことになり、またその後の戦時統制の一環として、地下鉄路線は昭和一六年に、政府、東京市、私鉄などの半官半民の帝都高速度交通営団（営団地下鉄）へ統合された。これが現在の東京メトロの前身である。

市街高架線と郊外電車

帝都復興事業で高速度鉄道建設が棚上げされるなかでも、鉄道省は管轄する鉄道路線の復旧のみならず、将来の輸送計画を見据えた復興計画を立て、大正一三（一九二四）年以降、独自の予算によって都心部の高架鉄道の工事を進めた[16]。これによって都心部の電車路線が現在の姿へと変わっていった。そのことをよく表すのが、神田川に架かる万世橋を中心とする、いわゆる神田・三角地帯である（図4－13）。

現在、新宿方面から東へ向かうＪＲの線路は御茶ノ水駅の先で分岐し、総武線はそのまままっすぐ秋葉原駅へ、中央線は南へカーブして神田駅へと向かう。そして北から来る山手線、京浜東北線、新幹線は秋葉原駅から神田駅、東京駅方面へまっすぐ南進する。必然的に、神田付近には中央線、総武線、山手線に囲まれた三角地帯が形成された。

このなかで中央線は震災前にすでにできあがっていた。当初は甲武鉄道と呼ばれ、明治三七（一九〇四）年に御茶ノ水駅まで、さらに四一年に昌平橋駅まで、四五年に万世橋駅まで開通した（その際、昌平橋駅は廃止）。この時に万世橋駅に初代の豪華な駅舎ができあがった。大正三年にできる東京駅と同じく、辰野金吾の設計である。ところが大正八年には、線路は東京駅までつながり、その際に神田駅が開業して、万世橋駅の役割は大きく低下した。それに追い打ちをかけたのが関東大震災である。駅舎が焼失、その後再建されるが、結局、昭和一八（一九四三）年に事実上廃止されることになった。

現在、万世橋から神田川の上流を向くと左側に中央線が通る赤レンガの万世橋高架橋が見える（図４‐13左上）。そのなかに旧万世橋駅のホームや階段など駅の施設が一部残されており、それらを利用してマーチエキュート神田万世橋という商業施設が近年整備されている。

さらに、上流右側には総武線の高架橋が見える（図４‐13左上）。震災前まで総武線は隅田川を渡ることなく、現在の両国駅（当時は両国橋駅）を起点としていたが、震災後、総武線を中央線と繋げるべく、大正一三年から計画し、一五年に用地の買収を終え、工事は昭和三年に始まり、七年に

万世橋からの写真

A 神田川上流を望む

B 神田川下流を望む

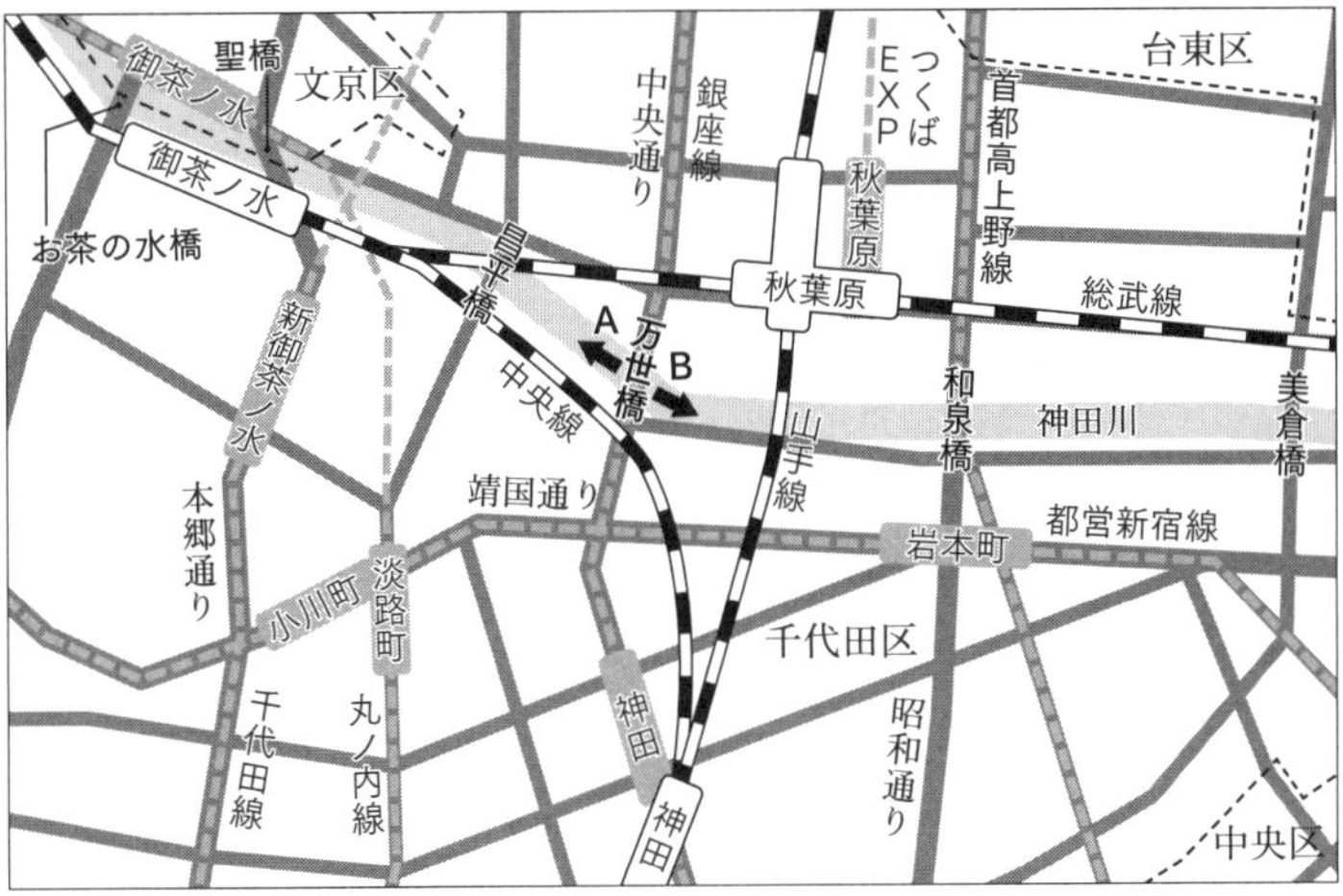

図4－13　神田三角地帯の地図と、その中心にある万世橋から見た神田川の上流と下流の風景

開通した[16]。

一方、山手線は上野から秋葉原までが明治二三年に貨物線として延びていたものの、環状にはならず、関東大震災当時は旅客線としては上野駅―神田駅間がつながっていなかった。当時の電車の運転は、中野から新宿、御茶ノ水、東京とまず今の中央線を西から東へ進み、さらに山手線を時計回りに上野まで回るという横「の」の字スタイルで行われていた。秋葉原駅が旅客駅として開業し、環状運転が開始されたのは、震災後の大正一四年のことである。現在、万世橋から下流側をみると、神田川を渡る山手線の橋が見える（図4－13右上）。

震災前に山手線の各駅に郊外からつながっていた電車の主なもの（現在名）は、横浜方面から東京駅へ京浜東北線の京浜線部分、品川に京浜急行線、目黒に東急目黒線、新宿に中央線と京王線、池袋に西武池袋線である。池袋には東武東上線もつながっていたが、電化されたのは昭和四年のことである。京浜東北線は大正一四年の山手線の環状運転開始に合わせて、秋葉原までの電車線が完成し、上野を通り田端まで運行区間が延びた。このために乗客の増加に対応する線路増設などで用地の拡幅が必要になった。杉並区高円寺南二丁目の日蓮宗長善寺や世田谷区北烏山四丁目（烏山寺町）の日蓮宗妙揚寺は、いずれももとは日暮里駅のすぐ南側で線路を挟んだ位置にあったが、それぞれ大正一三年と昭和三年に鉄道省の要請で現在地に移転を余儀なくされた。また対馬藩宗家の墓所がある天台宗養玉院は、上野駅のすぐ北の線路わきにあったが、墓地も含めて品川区西大井五丁目の同宗如来寺に大正一五年に合併され移転した。

この他に、震災後は私鉄が次々と山手線の各駅に接続しターミナルとなった。五反田駅に東急池上線（昭和三年）、渋谷駅に東急東横線（昭和二年）、新宿駅に小田急線（昭和二年）、高田馬場駅に西武新宿線（昭和二年）、日暮里駅に京成線（昭和六年）などである。

このようななかで、接続に失敗した例もある。東武鉄道の伊勢崎線（現在のスカイツリー線）である。震災前のターミナル駅は浅草駅と呼ばれていたが、実際には隅田川を渡らず、のちの業平橋駅（現在のとうきょうスカイツリー駅）の場所にあった。山手線の駅への接続を強く望んでいた東武鉄道はいち早く延伸を企画し、震災の翌月一〇月には上野駅にいたる距離三・九キロの高架線の免許申請を行った。状況さえ許せば東京駅にも進出する腹積もりであったが、最終的には浅草雷門駅（現在の東武浅草駅）までの一・一キロのみが免許されたにとどまった。大正一三年一一月のことである。[17]

しかも、免許に際し当局から東京市の都市計画及び復興事業に関連して政府が工事方法などの変更を命じた時はこれに従うこと、さらにすでに隅田川畔に復興公園の一つである隅田公園が設置されることとなっていたため、隅田川東側においては鉄道路線が公園内を通過しないようにすること、また西側においては公園の利用と風致を阻害しないようにすることなどの厳しい条件が付けられた。当時、すでに東京地下鉄道が浅草―上野―新橋に地下鉄道の敷設計画をもっていた上に、土地区画整理を最優先と考える当局にとって、東武鉄道の延伸計画はそれを妨げる厄介な存在と見られていたのである。『帝都復興史』第二巻でも、現在の東武浅草駅を「問題の東武線開道の引込線停車場」といい、これによって「雷門付近の雑沓を緩和すべき折角の（道路整備の）計画も画餅に期した形となったのである」と述べている。[4]当時、浅草雷門付近は東京一の繁華街であった。

結局、浅草雷門駅に与えられた敷地は、土地区画整理の制約から、江戸通り（国道6号）と馬道通りと伝法院通り（延長）に囲まれた隅田川と併行する細長い土地に限られ、さらに川の東側では路線が隅田公園内にかかることが許されず、さらに公園への便を考えて、そこに隅田公園駅を建てることが求められた。このため浅草雷門駅の敷地の中心線と隅田川鉄橋の中心線の交差角度は八九度三〇分とほとんど直角の上に、堤防から用地終点までの距離はわずか二三〇メートルという、劣悪な条件下での延長工事となった。今もその影響は駅のホームに残されている。

工事は昭和二年一二月に開始されたが、予定より一年五ヵ月遅れて昭和六年五月までかかった。上野―浅草間の地下鉄に遅れること三年半の開通であった。完成した浅草雷門駅の東武ビルディングは七階建の立派なビルで、関東では初となる本格的な百貨店併設のターミナルビルとして開業したが、細長いビル一階のホームとほぼ直角に鉄橋があるために、列車は駅を出るとすぐ急カーブを曲がり、鉄橋の複線に入る必要がある。このためホームの長さも最低限しか取れず、曲がったホーム先端では十分な乗降スペースさえ確保できない。現在、駅を利用する人々も、なぜこのような狭苦しい駅を建てたのかと思われるかもしれないが、狭い敷地と変則的な線路設定の条件のもと、当時の技術陣が知恵を絞った結果が現在の東武浅草駅なのである。

引用文献

1 松葉一清（二〇一二）『「帝都復興史」を読む』新潮選書、全271頁
2 高橋重治（一九三〇）『帝都復興史』第一巻、興文堂書院、全702頁
3 東京市政調査会（一九三〇）『帝都復興秘録』寶文館、全455頁
4 高橋重治（一九三〇）『帝都復興史』第二巻、興文堂書院、全１１７２頁
5 田山花袋（一九二四）『東京震災記』博文館、全296頁
6 矢田挿雲（一九二四）『江戸史蹟巡り：熱灰を踏みつゝ』朝香屋書店、全160頁
7 中央区教育委員会（一九九八）『中央区の橋・橋詰広場』中央区文化財調査報告書、第5集、全354頁
8 高橋重治（一九三〇）『帝都復興史』第三巻、興文堂書院、全１２２１頁
9 進士五十八・吉田恵子（一九八九）「震災復興公園の生活史研究」『造園雑誌』第52巻、第3号、155－165頁
10 墨田区役所（一九五九）『墨田区史』、全１８０７頁
11 越沢明（一九九一）『東京都市計画物語』日本経済評論社、全292頁
12 復興局（一九二八）『帝都復興事業概観』東京市政調査会、全195頁
13 葛飾区役所（一九七〇）『葛飾区史』下巻、全１４１９頁
14 帝都高速度交通営団（一九九一）『営団地下鉄五十年史』、全721頁
15 東京地下鉄道株式会社（一九三四）『東京地下鉄道史』、（複製）大正期鉄道史資料（第2集）国有・民営鉄道史第8巻（一九八三）、日本経済評論社、全434頁
16 鉄道省（一九二七）『国有鉄道震災誌』、全１２０７頁
17 東武鉄道社史編纂室（一九九八）『東武鉄道百年史』、全１１０８頁

第5章　現在なぜ首都直下地震に怯えなければならないのか

（1）地盤沈下と江東ゼロメートル地帯の形成

江東地域の水害と対策の歴史

ここまで、第2章では江戸・東京の歴史を振り返り、関東大震災で東京が大きな被害を出した最大の原因は、明治政府が軟弱な地盤上にある江東地域において、人口集中による木造密集地の形成を放置、促進してしまったことであるとの結論に達した。また、第3章と第4章では、その反省に立って、二度とこのような災害で悲惨な目に遭いたくないという東京市民が選択した帝都復興事業の内容について話を進めてきた。ところが、帝都復興事業で生まれ変わったはずの東京が一〇〇年後の現在、再び首都直下地震の脅威に怯えている。それはなぜか、第5章で考えてみたい。

現代の東京がかかえる防災上の最大の問題は江東ゼロメートル地帯の存在であると、私は考えている。高潮や大雨による洪水の危険性はもとより、首都直下地震が起これば場合によっては関東大震災を上回る強い揺れに襲われ、堤防に亀裂でも生じればたちまち海水の流入を許し、そこで暮らす二〇〇万人もの人々の生命、財産が脅かされるからである。その原因となった地盤沈下はちょうど関東大震災の頃から本格的に始まるが、まずはそれ以前の明治の頃からの江東地域の水害と対策の歴史から話を始めることにする。

第2章でも述べたように、江東地域に本格的に人々が住み始めるのは明暦三（一六五七）年の江戸大火後の本所開拓からである。この時から江東地域の水害との戦いが始まったといってもよい。それを象徴するものが、永代通りのすぐ南、江東区牡丹三丁目の平久橋西詰と、木場六丁目の洲崎神社の参道にある「波除碑」と呼ばれる奇妙な石碑である（図5-1）。関東大震災と戦災によって大きく破損し、横に立つ説明石や説明板がなければ何の石碑かまったくわからない。図の左上に示すように、平久橋西詰の石碑は震災で破損する前の写真が『深川区史』上巻に掲載されている。[1]

この石碑は、寛政三（一七九一）年の高潮による被害に鑑みて、幕府が被害の大きかった洲崎弁天社（現在の洲崎神社）から西の久右衛門町一、二丁目、入舟町、佐賀町代地の辺り、東西約五二〇メートル、南北約五五メートルあまりを買い上げて空地とし、家作を禁じて後の水害に備えたものである。幕府はその後、入船町の跡地を文政九（一八二六）年に薬草植え付け場として侍医の渋江長伯に下げ渡したが、明治維新まで洲崎ヶ原に人々を住まわせることはなかった。

ところが、明治二〇（一八八七）年に、洲崎神社の東側に約四〇〇メートル四方もある埋め立て地（洲崎弁天町）が出現し、翌年にあろうことか、遊廓が移転してきた。遊廓はもともと本郷区根津にあったが、東京帝国大学や第一高等学校の校舎が本郷から根津方面に拡張することになり、風紀上の観点から移転させられたのである。

この代償を支払うことになるのが大正六（一九一七）年の高潮である。フィリピンの東で発生した台風は九月三〇日に沼津付近に上陸、その後、浦和付近を通過した。その際の東京での最低気圧は七一四・六 mmHg（九五二・七二ヘクトパスカル）で、この値は今でも東京における観測史上最

平久橋西詰（左：大正、右：現在）　洲崎神社（現在）

『江戸名所図会』第７巻（18）　洲崎弁天社

図5－1　江東区の平久橋西詰および洲崎神社の「波除碑」（大正の写真は『深川区史』上巻［1926］より）

低の気圧となっている。また、最大風速（一〇分間の平均風速の最大値）は、南南東二九・七メートルで、猛烈な勢力の台風が東京湾の西側を通ったことがわかる。[2] これらの観測値は、昭和三四（一九五九）年の伊勢湾台風で大きな被害を被った名古屋市での値と比べても遜色ないものである。

このため高潮が発生し、東は南葛飾郡葛西村から西は月島、京橋、日本橋まで、北は本所、向島の一部にかけての一帯が襲われた。被害が特に酷かったのは、深川区の洲崎弁天町と南葛飾郡の砂村（大正一〇年より砂町）であった。洲崎弁天町では家屋が密集していたために被害は砂村を上回り、洲崎署管内で死傷者一七四名、溺死二一名にのぼった。また、近くの木場から流出した材木により被害を受けた者も少なくなかった。なお第2章で述べたように、現在の砂町には犠牲者の供養に建てられた供養塔や波除地蔵尊が残されている（巻末に東京都23区の慰霊碑一覧を付す）。

明治維新以降の江東地域での産業都市化政策は、東京の中心市街地の水害危険度を引き上げることにもつながった。江東地域では、小名木川、竪川、横十間川など南北縦横に走る水路の両岸に工場群が次々と形成された。さらに明治三〇年代以降になると南千住の隅田川右岸（現在の荒川区）にも大工場が進出し、それらの地域の居住人口は爆発的に増加した。もともと荒川の本流であった隅田川は、江戸時代には上流に広がった広大な遊水地帯の存在と左岸の本所、深川地域への湛水によって水量が調節され、右岸の江戸の中心市街地を水害から守っていた。ところが工場の進出と木造密集地の形成とによってこのような役割を果たすことができなくなってしまったのである。

その現れが明治四三年八月の大水害である。八月五日頃から続いた梅雨前線による雨に加え、七日に石垣島の西を北上した台風が東海道の沿岸を通り、関東各地に集中豪雨をもたらした。[2]この水害を契機に、隅田川を荒川の分流として、本流を中川の河口へと導く荒川放水路の建設計画が一気に進められた。工事は内務省により翌年から始まることになった。流路は図2－2に示すように現在の北区の岩淵水門で隅田川を分かち、足立区の南部を通過して墨田区と葛飾区、江東区と江戸川区の区界にそって東京湾へとそそぐルートである。

この工事で移転を余儀なくされた寺院は、大正元年から八年にかけて、現在の足立区、葛飾区、墨田区、江戸川区など広範囲にわたっており、江戸川区東小松川の真言宗善照寺には墓地移転記念碑（大正三年五月建立）も残されている。大規模工事の末、荒川放水路（現在は荒川本流）は関東大震災後の大正一三年にやっと完成した。これによって、東京の中心市街地のみならず江東地域においても、水害の危険性は一気に低下した。

地盤沈下の始まりと進行

ところが、江東地域の産業都市化政策による不幸はこれで終わることはなかった。図5－2は東京駅付近から荒川付近までを東西に切った地形断面図である。A.P. は Arakawa Peil（荒川工事基準面）の略で、±〇メートルがほぼ東京湾の干潮時の平均海水面の高さを示し、＋二・一メートルが満潮時の平均海水面の高さである。一般に A.P. ＋二・一メートル以下の地域を海抜ゼロメートル地帯と呼んでおり、隅田川から断面図のさらに東の江戸川付近まで広がっている。また横十間川から荒川の先までは A.P. 〇メートル以下で干潮時の海面より低く、いったん海水が入れば常時水が引かない地域である。

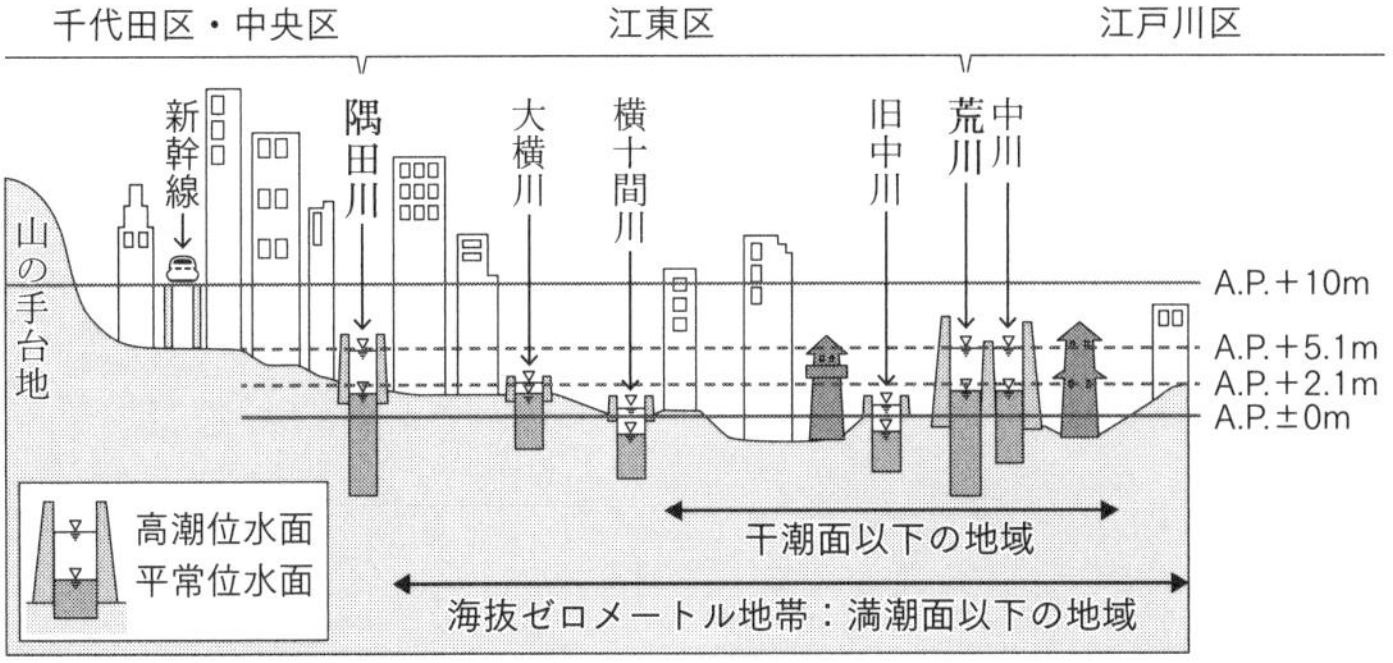

A.P.±0m：東京湾の干潮時の海水面　A.P.＋2.1m：東京湾の満潮時の海水面
A.P.＋5.1m：計画高潮位（想定最大高潮高さ）（A.P.：Arakawa Peil　荒川工事基準面）

図5-2　東京駅〜荒川付近を東西に切った地形断面図（東京都建設局HP「東京の低地の概要」の「東京の低地の地盤高」の図に加筆）https://www.kensetsu.metro.tokyo.lg.jp/jimusho/chisui/jigyou/teichi.html

東京下町低地の地盤沈下は明治末年頃から始まり、第一次世界大戦の好景気による急激な工業化とともに、大正七（一九一八）年頃から明らかとなった。その結果、大正一二年の関東大震災を挟んだ測量から注目を集めるようになる。沈下は昭和五（一九三〇）年の世界恐慌の頃にいったん停止するが、その後は第二次世界大戦まで継続して進んだ。一方、第二次世界大戦末期になると多くの工場が疎開し、沈下は再び収まったが、戦後復興が進む昭和二五年頃より朝鮮戦争特需の影響もあって再び始まった。それに拍車をかけたのが、昭和二〇年台後半での荒川河口周辺における水溶性天然ガスの発見である。民間会社による採掘が昭和三五年頃から始まると、沈下のスピードは一段と速くなり、昭和四三年にはついに江戸川区西葛西で東京での年間最大沈下量の二三・八九センチを記録した。[3]

　沈下対策としての地下水汲み上げの規制は、昭和三六年に「工業用水法」が初めて江東地区に適用され、さらに昭和三八年に「建築物用地下水の採取の規制に関する法律」ができるが、荒川河口一帯の水溶性天然ガスの鉱業権を東京都が買収して採取を全面的に禁止するのは昭和四七年、工業用水としての地下水の汲み上げが全面禁止となるのは昭和五〇年のことである。これによって地盤沈下は昭和四八年頃から大幅に減少したが、最大の沈下量となった江東区南砂二丁目では累積で四・五七メートルにもなり、海抜ゼロメートル地帯は江東区、江戸川区、葛飾区、墨田区、足立区、荒川区の広範囲に広がってしまった。その後、これらの地域では地下水位の回復に伴って地盤の隆起も認められるが、最大でも一〇センチ程度であり、依然として沈んだままの状態が続いている。

最悪の公害が生まれた経緯

このような地盤沈下の原因は、今日では粘土層の間にある礫・砂層の間隙に閉じ込められた地下水を過剰揚水することにより、粘土層から間隙水が絞り出され、粘土層が収縮するためと考えられている。いつ頃からこのような地下水揚水説が出されていたのか。対策の遅れを検証する上でも、極めて重要な視点である。一般には、和達清夫と広野卓蔵が、大阪における地盤沈下と地下水位の連続観測記録をもとに昭和一四（一九三九）年の論文で指摘し、第二次世界大戦末期の地下水揚水停止で地盤沈下が停止したことで、やっと関係者の全面的賛同を得ることができたとされている。和達による随筆集『青い太陽』のなかに「沈む土地」と題する一節があり、「地盤沈下の原因に対する私と広野君との地下水使用過多説は、敗戦という大きな代価を払って、はからずも立証され一般に受け入れられることになった」と書かれている。[4]

しかしながら、関東大震災の際に『関東大震災調査報告（気象編）』をまとめ、のちに中央気象台長となる藤原咲平は、大正一五（一九二六）年発行の随筆、『雲を摑む話』のなかで、震災の断水に懲りて各所で地下水を取る深い井戸が掘られていることを取り上げ、「ところが東京の地層は岸博士の研究によれば、水を取ると地盤が沈下を来す虞れがあるので建物は危険になるとの事です」と述べている。[2] そこで岸博士の研究なるものを調べてみると、『東京の工学的地質研究』と題する三四頁の小冊子に行き着いた。[5]

この冊子は、医学博士の岸一太が、後藤新平の薦めで、東京市政調査会の研究報告会において研究成果を発表した際の講演録である。冒頭、後藤新平による紹介の辞があり、自分が東京市長である頃より、都市計画および災害防止の上から東京市の地盤の特質を明らかにすることは極めて重要だと考えていたところ、岸博士が地下建設物と地盤陥落の関係を科学的に明らかにされたと聞き、その成果を発表して欲しいと思った。ところが、岸博士はこれを世の中に公表すると社会に大いなる危惧心を生じさせるのではないかと躊躇されていたというのである。

岸一太は医学博士で台湾総督府医院初代医長を務めていたが、後に飛行機用発動機制作なども手掛けた異色の経歴の持ち主である。この研究は彼が復興局技術試験所に技師として在職していた時に行ったもので、そもそもなぜ医学博士の岸が技術試験所の技師であったのかもわからないが、研究発表の冒頭で岸は、今日でいう土質力学が一八世紀の初めからほとんど進歩しておらず、地上に大きな建物を建てる時にも単に経験に富める技術者の技術的感に頼っていることに大きな疑問をもって土質実験を行ったと述べている。

実験の結論をまとめると、東京の現場から取り寄せた各地層から採取した水を含む試料を乾燥させてその体積変化を計ると、砂成分の多い試料はあまり収縮しないが、粘土・シルト成分の多い試料は大きく収縮するというものである。発表で地下水への言及は少ないが、「東京市の地盤の収縮または陥没はその一定含有量の水分の減少に依って惹起するものであるということを確かめ得たのであります」と述べている。藤原ならずとも、揚水による地下水面の低下が地盤沈下を引き起こすのではないかと心配になるのは当然である。今日においては、地盤沈下は七〇メートルより浅い部分では有楽町層や七号層の沖積層、沖積基底以深のより深い所では上総層群のいずれもシルト層の収縮によると考えられている。

もし仮に、藤原のようにこの研究を素直に受け入れ、また昭和五年頃の世界恐慌による産業の停滞と沈下の停止の関係などを注意深く観察して、この時点で地下水の揚水を制限していれば、どの程度の沈下量で済んだのであろうか。累積で四・三六メートル沈下している江東区亀戸七丁目の水準基標（３３７７）の累積沈下量の経年変化のデータから見積もると一・〇三メートルとなり、現在の四分の一以下に抑えられたことになる。[3]

ところが、昭和六（一九三一）には当時の地震学の権威であった今村明恒から、江東地区の異常沈下は、地下深くに潜在する断層の運動が原因であるとする地殻変動説が出され、原因究明に混乱を与えることになった。[6] 論文では昭和三年五月に発生した地震もこの断層運動の一部であるとしているが、この地震は今日ではM6・2の千葉付近で発生した深さ七五キロの深い地震とされ、地表に地殻変動を起こすような地震でないことは明らかである。[7] この論文がどの程度社会に影響したかはわからないが、和達・広野の論文が出る頃まで地盤沈下の調査を地殻変動の観点から東大地震研究所が行っていたこと（昭和一五年から東京市道路局が担当）や、当時は関東大震災の記憶も鮮明で地震に関し社会が敏感であったことなどを考えれば、影響はかなりあったとみるべきだろう。それがもとで地盤沈下に関する観測が熱心に行われるようになったという面もあろうが、今でもこの種の仮説の社会的取り扱いについては十分注意が必要である。

一方、先の水準基標（3377）の昭和二一年の累積沈下量は二・二三メートルで、地下水揚水が原因とする考えが定着した第二次世界大戦終結時に地下水の揚水をすぐ制限していれば、沈下量は現在の約二分の一に抑えられたことになる。[3] これによって干潮時の平均海面より低い最悪の地域の出現は阻止できた可能性が高い。ところが、戦後は揚水を制限するどころか、新たに水溶性天然ガス採取のための沖積層基底以深からの地下水の汲み上げが加わり、戦前にも増したスピードで地盤沈下が進んでしまった。まさに市民の共有財産であるべき市街地の地下を、経済優先の掛け声のもと金儲けの道具として使ったつけが、約二〇〇万人もの人々を水害の危険にさらす結果となったのである。先に述べたように、この状況は回復どころか解決の見通しも立たないまま、今も継続している。東京下町低地の地盤沈下は、まさに日本最悪の公害といっても過言ではない。

科学技術だけでは災害は防げない

地盤沈下の中心地である江東区には、住民に対する注意喚起という意味も込めて、水準標があちこちに立てられている。図5-3に永代通りの下を走る東京メトロ東西線沿いにある水準標を並べてみた。隅田川から東に向かって地盤沈下がしだいに激しくなるため、隅田川に近い門前仲町駅近くの臨海公園にあるものと、横十間川と荒川の間にある東陽町駅近くの東陽公園や南砂町駅前のものとを比べると、たとえば平均満潮位の高さ（A.P.＋二・一メートル）は門前仲町では地面すれすれにあるのに対して、南砂町では人が立った時の目線より高い位置にある。大正六（一九一七）年の高潮の高さ（A.P.＋四・二一メートル）は門前仲町では人が立った時の目線程度であるが、南砂町では見上げんばかりである。これだけ門前仲町に比べて東陽町や南砂町の地面が低いことを表している。

東西線では、このあたりのすべての駅で水害対策として、水の侵入を防ぐために地下鉄の出入り口には防水扉が設置され、さらに入口を地面より高くするための上り階段が設けられている。その段数は門前仲町駅2番出口で三段、木場駅2番出口で五段であるのに対して、東陽町駅1番出口では八段、南砂町駅2a出口では一一段にもなっている（図5-3）。さらに南砂町駅2a出口の天井には、いざという時のためにハッチのついた出口が設けられ、上るための梯子が用意されている。

このあたりは昔から江東デルタ地帯と呼ばれ、常時水はけが悪い地域であった。関東大震災の直

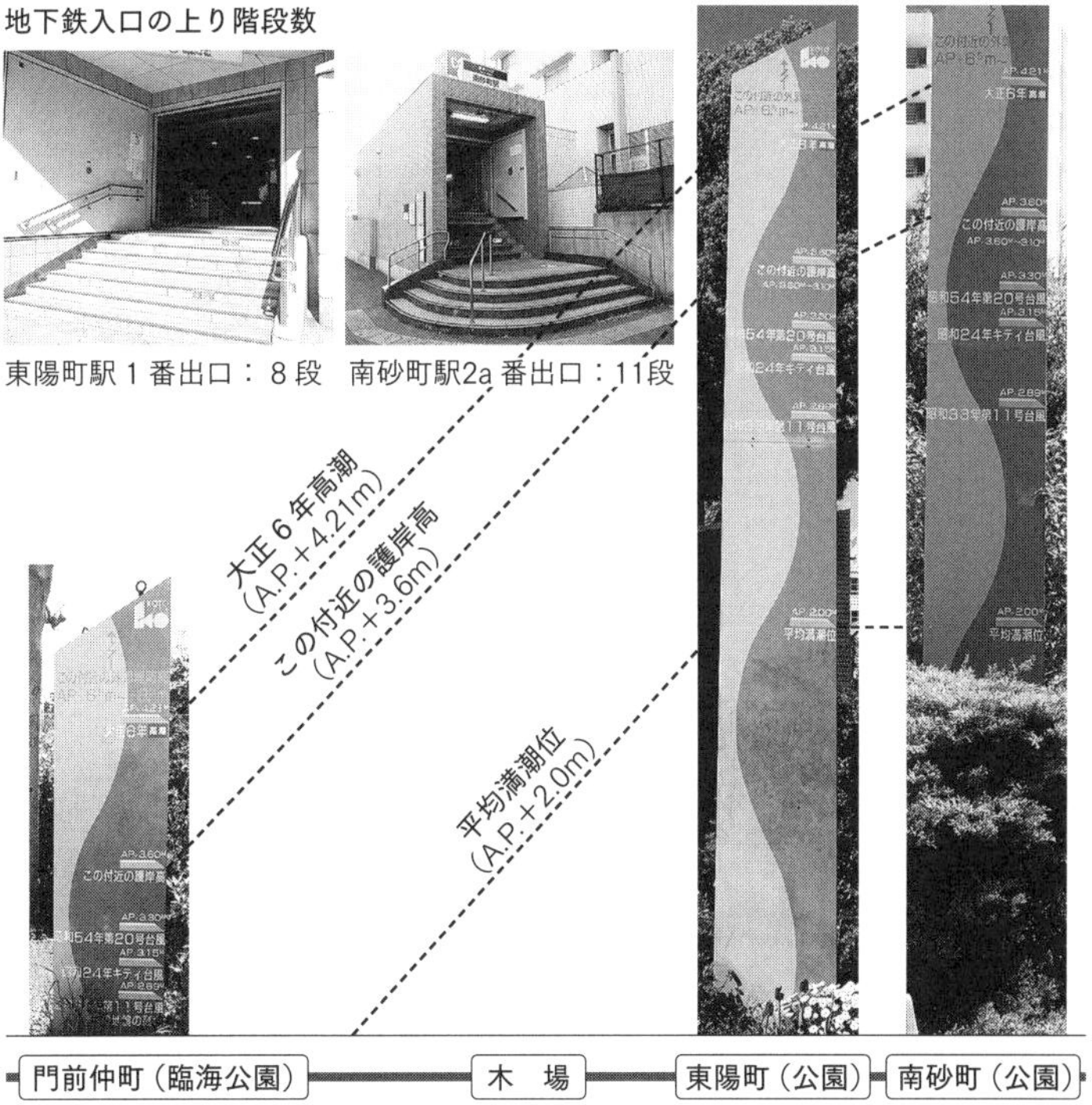

図5-3　東京メトロ東西線沿いの水準標と、地下鉄東陽町駅と南砂町駅の出入り口にある階段

後の写真でも、火災による被害写真だけでなく、浸水の写真も数多くみられる。津波や地震後の降雨の影響も考えられるが、地震による断層運動の影響も手伝って、この時すでに最大数十センチ程度地盤が沈降していた。その後、さらに地下水の汲み上げで地盤沈下が進行したのは先に述べたとおりである。

　南砂町駅2a出口の前には緑の公園が広がり、マンションも建ち、一見何の変哲もない住宅地域である。しかしながら水準標をみると、この街を護るためにどれほど大掛かりな仕掛けが施されているのか、想像するにあまりあるものがある。地下鉄出入口の防水扉や階段の設置は序の口で、海に面しては外郭堤防が設けられている。この外郭堤防は江東ゼロメートル地域を取り囲むように隅田川左岸の堤防から、豊洲、辰巳、夢の島、新砂と続く埋め立て地の約一八キロにわたる地域において、堤防と域内からの運河の出口で海水の逆流を防ぐ五ヵ所の水門、さらには水門を閉鎖した際に域内の水を排水するための二ヵ所の排水機場が設けられ、その先は荒川の右岸堤防へと繋がっている。[8]

この事業は昭和三二(一九五七)年に始まり、当初は大正六年の既往最大の高潮の高さをクリアするよう計画されたが、昭和三四年の伊勢湾台風の高潮を考慮して、計画高潮位を新たにA.P.＋五・一〇メートルとしてさらに計画が進められた。その間にも地盤沈下は進んだため、護岸を常に嵩上げする必要が生じ、必要な高さに合わせるために堤防頂部に厚みの薄い腰壁方式が採用された結果、隅田公園のところで述べたカミソリ堤防が出現することになったのである。一方、隅田川や荒川はもちろん域内の川はすべて天井川であるため、いったん内水氾濫を起こすと雨水が自然に排除されることがない。このため、域内には至る所にポンプ所や排水機場が設けられている。

思えば明治以降、江東地域には続々と工場群が造られ、それらによって増大した水害の危険性を除去するために荒川放水路が建設された。ところが、その工場群の操業に必要な地下水の汲み上げに加えて、戦後は警告を無視した天然ガスの採掘が行われ、取返しがつかないほどに地盤沈下が進行した。気が付けば、海面下の広大な土地を内に抱くことになり、それでも飽くなき人々の営みは埋め立てによって、今も東京湾の沖へ沖へと活動範囲を広げている。その都度、科学技術を総動員して、広大な低地を水害から護る大掛かりな仕掛けが造られ、現在に至っているのである。藤原咲平は、『雲を摑む話』のなかで「文明と自然研究」と題して次のように述べている。[2]

文明が進めば進むほど自然という事に大いに注意を払わなければならぬ。是は此程の関東大地震において充分過ぎる程見せ付けられました。安政の地震に比して今日の損害惨状は何十倍したものです、是れ皆文明の為です。文明が進めば進む程仕掛けが大きくなりますからして、それだけ余計自然というものの迫害に対しては注意しなければならぬ。

では、現在の江東地域の状況は、大きくなった仕掛けに応じて十分に自然の迫害に注意しているのだろうか。カミソリ堤防のような付け焼刃の堤防で、果たして住民の安全が確保できるのだろうか。そもそも、高潮が発生しなくとも首都直下地震の揺れで堤防や水門が壊れたり、地盤の液状化で沈下したりすれば、ただちに無尽蔵の海水が侵入し、干潮面より低い土地はたちまち海の底と化してしまう。関東大震災による地盤の液状化履歴をみると、旧本所区や旧深川区では液状化の痕跡は意外に少ないが、川沿い、特に荒川沿いは非常に多く、また埋め立て後の経過年数が少ない新しい埋め立て地で液状化が発生しやすいことがわかっている。[9] したがって、地震後に新たにできた埋め立て地もその危険性が高いといわざるをえない。このため、首都直下地震の際に堤防が地盤の液状化の影響を受ける可能性は十分考えられる。

大正六年の台風の高潮から一〇〇年あまりが経過したが、それを上まわる高潮は東京には襲来していない。また関東大震災から一〇〇年が経過するが、その間、東京に大きな被害を及ぼすような地震は起こっていない。この幸運はいつまで続くのだろうか。残念ながら今の自然科学は正確な答えを持ち合わせていないが、地球温暖化の進展や首都直下地震の可能性を考えると事態がますます深刻化していることは間違いなさそうである。さらにもう一つ気になることは、高潮や津波から土地を護る大掛かりな仕掛けの維持管理費の問題である。公共債でそれらを賄っていかなければならない事態になれば、単なるリスクの付けまわしといわざるをえない。対策は常に身の丈にあったものでなくてはならないが、仕掛けが大きすぎるとそこに収まらなくなってしまう。

科学技術をあてにする前に、文明の進展に任せた開発優先や経済優先の姿勢を正し、正しく自然を怖れ、人を大切にするという防災文化を復活させることが必要である。今こそ、危険な場所には人を住まわせないと江戸幕府が設けた「波除碑」の意味を真剣に考える時期に来ているように思えてならない。

戦後復興失敗までの経緯

(2) 郊外各区に生まれた木造住宅密集地域

関東大震災後の帝都復興事業は焼失地域に限られて行われ、東京市一五区内でも非焼失地域では行われなかった。一方で東京市は、昭和七（一九三二）年に郊外の郡部を統合して東京市三五区となり、現在の東京都二三区の範囲まで広がった。現在の郊外一五区にあたる郡部の町村のなかには、先見の明ある町村長や地主が将来の都市化を見据えて土地区画整理を実施したところもあったが、それらはごく一部で、大半の地域では道路などの基盤整備が行われないまま人口増による木造密集地が形成されていった。その間、太平洋戦争の空襲で東京は関東大震災時を上回る面積が焼失し、区画整理を進める千載一隅の機会が訪れたが、十分に生かすことはできなかった。以上のような歴史的経緯を明らかにするとともに、それらが首都直下地震の脅威とどのようなつながりがあるのか、現在の東京都で評価されている「地震に関する地域危険度測定調査」結果（以下、「地震危険度」と略す）をもとに考えてみる。

帝都復興事業後、事業から取り残された部分とその周辺地域においては、当時すでに始まっていたスプロール化がそのまま放置される結果となった。一方、震災の影響もあり、人々の郊外移住がさらに外側の地域でも進むのに対応して、昭和二年に放射・環状の幹線街路の計画が決定された[10]。このうち環一から環四は、帝都復興事業でできた道路を含め既存の街路をつなぎ合わせたもので、全線開通している。しかし他は、環七が昭和三九年の東京五輪を契機に建設が進んで昭和六〇年に全線開通したものの、それ以外はいまだに一部開通の状況である。

一方、生活道路計画は土地区画整理の目安ともなり、防災上は幹線道路よりさらに重要である。

これについても昭和五年から一八年にかけて、新市域の全域にわたり「細道路網」として幅一〇メートル前後の都市計画道路がきめ細かく決定された[10]。ところが、この計画も土地区画整理が進んだ地域を除くとほとんど実現することなく、昭和三〇年代の自動車の増加に伴って、まずは幹線道路からとの考えから、昭和四一年には計画そのものが廃止されてしまった。

わが国の戦後復興は、昭和二〇年三月の東京大空襲の数日後、内務省国土計画課長の大橋武夫が戦災復興計画の検討を秘かに部下に命じたときから始まっている。終戦後の一一月五日には内務省が「戦災復興院」を設置、一二月三〇日には「戦災地復興計画基本方針」として閣議決定された。その内容はすでに一〇月には都道府県の関係者に内示されていた。

東京では、大橋チームのブレーンだった石川栄耀《ひであき》が昭和八年に東京地方委員会技師となり、終戦当時は東京都の都市計画課長を務めていた。このため国の基本方針を受けて、ただちに「東京戦災復興計画」を策定した。この計画は、関東大震災後に復興院がまとめた縮小以前の帝都復興計画の甲案と、戦前の防空都市計画である東京緑地計画の思想を継承したものであるといわれる。特徴は、市街地の外周に緑地地域を設けたうえで、市内には河川に沿って公園緑地を貫入させ、交通処理と防災、保健、景観上の観点から、幅員一〇〇メートル、八〇メートルという広い植栽帯を有する広幅街路を創り出そうとした点である[10]。

都市計画課が市民の啓蒙のために作成した映画「二十年後の東京」では、「新しい時代にふさわしい、新しい形の都をつくり出すための絶好のチャンス。この千載一遇の好機会をむなしく見送ってしまうようだったら、私たち日本人は、今度こそ本当に、救われがたい劣等民族だと世界中の物笑いの種にならなくてはならないでしょう」と、帝都復興事業の時のような言い回しも登場する。

当初、復興院の事務方は、戦災は国の責任であり全国の戦災復興事業は国の事業として執行すべきだと考えたが、初代総裁の小林一三（阪急電鉄創業者）は、新しい憲法下での地方自治の観点から自治体執行を主張し、結局は国の補助事業として自治体が施工することになった。この結果、戦後復興の明暗は各自治体の首長に大きく左右されることになる。

東京都では、終戦を挟んで安井誠一郎が長官（現在の知事）を務めていた。それまで官選だった長官が公選の知事となるのが昭和二二年で、その後、安井は昭和三四年まで知事を務めた。ところが安井は、関東大震災と戦災とではまったく国内事情が異なり、あくまで都民の居食住の確保こそが最優先と、石川らの戦後復興計画を机上の空論として握りつぶしてしまった[11]。このため、たとえば土地区画整理対象区域の面積は、当初計画では約二万ヘクタールであったものが、最終的には約六％しか実現せず、事業地域はせいぜい主要駅周辺に留まってしまった[10]。その上、GHQによる農地改革により旧公園用地が農地とみなされて私有地化され、さらに政教分離政策のなかで、公園とされていた社寺地の私有地化も進んでしまった。

表5－4には、第2章で定義した都心八区と郊外一五区に分けて、区ごとの道路率を示している。平均ではそれぞれ一九・七％と一六・〇％となり、都心八区の方が高いことがわかる。都心八区のなかで道路率が低い江東区と荒川区のうち、荒川区は関東大震災当時、北豊島郡の四町であったた

めに、地域の二三％余りが焼失したにもかかわらず帝都復興事業の対象地域からはずされ、土地区画整理が実施されなかったことが主な原因である。一方、江東区は、現在域内に多くの新しい埋め立て地があり、そこには大規模なスポーツ施設を含む公園や国際展示場、さらには工場や倉庫など

	面積（㎢）	道路率（％）	大正９年人口	平成30年人口	人口増減
都心８区					
墨田区	13.77	21.5	304,809	264,515	0.9
江東区	40.16	14.3	241,116	510,692	2.1
台東区	10.11	26.0	431,979	203,219	0.5
荒川区	10.16	16.4	115,900	216,098	1.9
中央区	10.21	29.1	261,629	157,484	0.6
港区	20.37	21.7	313,195	253,940	0.8
千代田区	11.66	23.9	199,874	61,420	0.3
文京区	11.29	17.3	263,526	227,224	0.9
８区合計	127.73	19.7	2,132,028	1,894,592	0.9
郊外15区					
大田区	60.83	12.5	77,816	728,437	9.4
品川区	22.84	17.0	117,570	398,732	3.4
目黒区	14.67	15.7	20,391	283,153	13.9
世田谷区	58.05	14.2	35,971	921,708	25.6
渋谷区	15.11	18.4	133,187	229,994	1.7
杉並区	34.06	13.6	17,554	575,691	32.8
中野区	15.59	13.9	26,680	335,813	12.6
新宿区	18.22	18.7	277,918	343,494	1.2
練馬区	48.08	15.6	21,823	731,360	33.5
豊島区	13.01	18.3	103,293	297,946	2.9
板橋区	32.22	18.2	30,678	573,966	18.7
北区	20.61	14.6	89,256	348,274	3.9
足立区	53.25	18.6	59,929	677,536	11.3
葛飾区	34.80	16.4	25,892	450,815	17.4
江戸川区	49.90	18.6	39,003	690,614	17.7
15区合計	491.24	16.0	1,076,961	7,587,533	7.0

※道路率は令和２年度東京都道路現況調査（東京都建設局道路管理部）、人口は国勢調査結果による

表5-4　東京都23区の道路率

がたくさんあって、道路の本数が限られているためである。都心八区の道路率の平均は上記二区を除くと二二・九%となり、帝都復興事業において一つの目標とした当時のロンドンやパリにほぼ匹敵する値となっている。

これに対して、郊外一五区では大田区、世田谷区、杉並区、中野区、北区などで道路率が一四%ないしそれ以下と特に低い。震災前の東京市の一一・六%よりはまだましな値であるが、いずれも市街地が無秩序、無計画に広がっていくスプロール化が原因であると思われる。なお、大田区が特に低いのは区内に羽田空港を抱えているためである。表5-4には大正九年と平成三〇年の国勢調査結果に基づく人口も示されているが、世田谷区で二五・六倍、杉並区では三二・八倍、練馬区で三三・五倍と高く、中野区でも一二・六倍となっている。区画整理が進まないなか、曲がりくねった農道を生活道路として木造住宅密集地が生まれたことがよくわかる。

帝都復興事業を受け継いだ名古屋市との対比

このような東京の状況に対して、戦後復興の優等生とされる名古屋市をみてみたい。大正九(一九二〇)年に石川栄耀が内務省入省と同時に名古屋都市計画地方委員会技師となり、帝都復興事業にならって震災後から地道に土地区画整理を進めた結果、終戦までに市域面積の五六・一%が区画整理済みになっていた。これは東京都の三一・三%を大きく上回っている。なお、戦前は内務省の出先機関として道府県ごとに都市計画地方委員会が置かれ、職員は道府県庁の都市計画課の幹部職員も兼務していた。このため名古屋市には技術・知識の蓄積があり、住民の土地区画整理に対する意識も高く、戦後復興において大きな助けとなったといわれている。[12]

東京と同じく空襲で大きな被害を受けた名古屋市では、終戦の翌月、九月二九日の臨時市議会で「名古屋市再建に関する決議」が満場一致で採択されていた。これを受けて、市長を務めていた佐藤正俊が、かつて内務省の名古屋土木出張所長を務めていた田淵壽郎《じゅろう》を名古屋市技監兼建設局長として招き、戦災復興に取り組んだ。その後、国から「戦災地復興計画基本方針」が出されるや否や、復興計画をより具体化した「名古屋市復興計画の基本」を決定する。昭和二一（一九四六）年を通じて、市内全域の土地区画整理や、市内を四分割する一〇〇メートル道路二本の建設、さらには大規模墓地移転に代表される「田淵構想」の立案と施工が進められた。当時の名古屋市の人口は約七〇万人であったが、将来二〇〇万人となることを想定した計画が立てられた。[12] ちなみに現在の名古屋市の人口は約二三〇万人である（名古屋市市政情報）。図5-5に名古屋市の一〇〇メートル道路である久屋大通と若宮大通の現在の様子を示す。

一方、大規模墓地の移転については、仏教会との折衝などで時間を要し、昭和二二年から移転が始まるが、移転先の平和公園の敷地はもともと旧陸軍の演習場であり、戦後は国有地として地方長官の愛知県知事が管理していた。当時の深刻な食糧不足に対して、知事は当初、農地営団の出願に応じて農地として開墾することを決めていたが、市が墓地移転の経過などを説明し、翻意を促した結果、現地視察の際に、目先の食糧難は何とか凌ぐにしても、今、街づくりを怠れば将来にわたって長く市民を苦しめることになると、市の要望を受け入れたといわれている。[12] 現在、平和公園は広大な公園墓地として名古屋市民の憩いの場ともなっている。帝都復興事業で公園事業を手がけた井下清の「ゆりかごから墓場まで」の思想が、ここに受け継がれているようである。

このように、県も協力して名古屋市の復興事業はいよいよ軌道に乗っていった。東京都でみられたような都市改造を目指す計画者と知事との相剋は名古屋ではみられなかった。このため、苦しい状況下でも為政者を信じて「この際」だからと立ち上がった震災復興時の東京市民の姿は、残念ながら戦後の東京都では見られず、むしろ名古屋市に受け継がれたといえる。田淵壽郎は現在唯一の名古屋市名誉市民である。ちなみに令和三（二〇二一）年四月現在の名古屋市の道路率は全体平均でも一八・四%で、先に示した東京都心八区の道路率に匹敵する。

図5-5　名古屋市の久屋大通と若宮大通

各地の戦災復興事業は、昭和二四年三月にGHQ（連合国軍最高司令官総司令部）から出された「ドッジライン」と呼ばれる財政金融引き締め政策によって規模縮小を余儀なくされた。この時点ですでに計画の九〇%を履行していた名古屋市は当初の計画から大きな変更もなく事業を進めることができたが、復興計画が手つかずの東京都は、全国五大都市のなかでも最も遅れた存在となってしまった。[10] その負の遺産の一つが、次に述べる郊外一五区における地震危険度の高さなのである。

その後、日本は昭和二七年のサンフランシスコ平和条約発効によって占領を解かれ、朝鮮戦争特需で高度経済成長期へ移行するが、東京の都市整備は進まず、都心部の交通マヒなど危機的状況に陥った。これを一挙に解決させるべく、安井都知事が取った起死回生の政策が、東京五輪の誘致であった。後で述べるように、これがまた東京に新たな問題を生むことになる。

地震危険度マップにみる負の遺産

東京都では、昭和五〇（一九七五）年からおおむね五年ごとに地震危険度を調査し、公表している。[13] 調査は区部及び多摩地域の市街化区域を対象に、すべての町丁目（令和四年現在、五一九二）ごとに行われ、建物倒壊の危険性を示す建物倒壊危険度、火災の発生による延焼の危険性を示す火災危険度、さらに上記二指標に災害時活動困難度係数を加味して総合化した総合危険度の三つを評価する。通常の地震危険度は特定の地震を想定して行われることが多く、その場合、地震想定の不確定さに結果が大きく左右されてしまうが、この危険度評価は地域の特性として危険度を評価するもので、地震対策の進展状況などが公平にみられる点がすぐれていると私は考えている。

図5－6は令和四（二〇二二）年に発表された第九回目の総合危険度の二三区部分である。建物

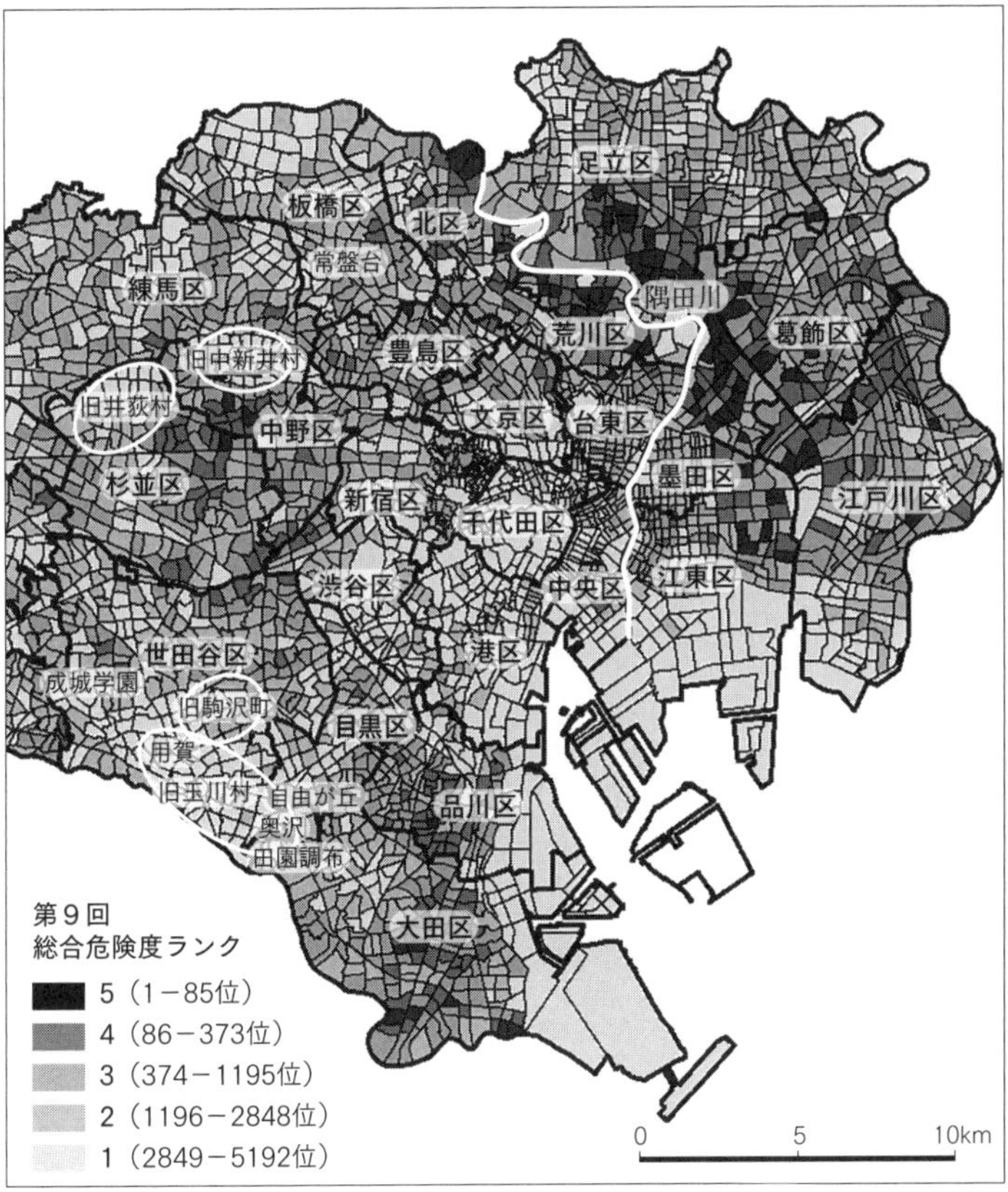

図5-6　東京都23区の総合危険度（東京都都市整備局HP「地震に関する地域危険度測定調査結果［第9回、令和4年発表］」に加筆）https://www.toshiseibi.metro.tokyo.lg.jp/bosai/chousa_6/home.htm

倒壊危険度は、地区の建物特性（構造形式、築年数、耐震診断結果など）と地盤特性（地震動の地盤増幅率、液状化の影響、大規模造成盛土の影響など）により測定し、火災危険度は出火の危険性（火気器具等の使用状況や出火率、地盤の揺れやすさなど）と延焼の危険性（建物構造、隣棟間隔、道路の幅員、公園の割合など）で評価されている。さらに災害時活動困難度係数は、活動に有効な空間の広さや、道路ネットワーク密度の高さといった道路基盤などの整備状況から評価される。このため、道路整備を後回しにし、曲がりくねった農道がそのまま生活道路になっているような木造密集地域では、特に火災危険度と災害時活動困難度係数が増し、総合危険度も高くなる傾向がある。なお、ここでの地震危険度は、あくまで町丁目ごとに評価できる項目に限ったものである。高層ビルについては建物倒壊危険度のなかで倒壊確率がゼロと仮定されているだけで、後で述べる高層ビル林立による大量の帰宅困難者の発生や、埋め立て地における孤立の問題、先に述べた堤防の破損によるゼロメートル地帯の水没の危険性、さらには道路渋滞による自動車火災の危険性などは反映されていない。

地震危険度のランクは五段階の相対評価として示されている。各ランクの存在比率を、最悪の5ランクは一・六％、以下、4は五・六％、3は一五・八％、2は三一・八％、1は四五・二％と定め、危険量の大きい町丁目から順位付けを行い、ランクを割り当てている。図5-6で色の濃い地域ほど地震危険度が高く、薄い地域ほど危険度が低い。帝都復興事業によって幹線街路が整備され、土地区画整理が行われた現在の千代田区、中央区、港区と、台東区、向島を除く墨田区（旧本所区）、横十間川より西側の江東区西部（旧深川区）では、周りに比べ危険度が低い。後者三区に比較的3ランクが多く、前者三区に比べて危険度が高いのは、後者には、図2‐1をもとに指摘したように軟弱地盤の地域が多く含まれているためであろう。これらの地域では軟弱地盤による揺れの増幅や液状化の影響など建物倒壊危険度に関して無視できない要素もあるが、土地区画整理によって道路や公園の環境が整っていることで、火災危険度や災害時活動困難度係数が比較的低くなり、その結果、総合危険度が3以下に抑えられているものと思われる。

一方、その周辺部の一際濃い色の墨田区向島、江東区東部、荒川区、豊島区、品川区の地域は、震災当時すでに始まりつつあったスプロール化がそのまま放置された地域であり、さらにその外側の大田区、世田谷区、杉並区、中野区、北区、足立区、葛飾区、江戸川区などは戦後にかけてスプロール化が拡大した場所が多い。それらの地域には緊急車両が入れないところもある。いわゆる「木密地域」とよばれ、道路や公園等の都市基盤が不十分なことに加え、老朽化した木造建築物が多いことなどから、首都直下地震の脅威を高める要因となっている。東京都では東日本大震災の発生を踏まえて、これら郊外一五区の木密地域の改善をはかる取り組みを行ってはいるが、負の遺産の解消は道半ばである。

図5‐6で郊外一五区をよくみると、ところどころに地震危険度の低いところもある（たとえば白線で囲まれた地区）。これらの地域は大正から昭和初期にかけて土地区画整理が先行して行われた場所である。図には主な地域の地名も入れたが、一つは民間資本による計画的な宅地開発が行われた地域である。東急東横線沿線の田園調布、東武東上線沿線の常盤台、小田急線沿線の成城学園な

どで、いずれも現在は高級住宅地となっている。

一方、広い範囲にわたって地震危険度が低いのは、全村あげて区画整理が行われた地域である。その一つである豊多摩郡井荻村（大正一五年から井荻町）は、昭和七年に杉並町、和田堀町、高井戸町とともに東京市へ編入され、現在は杉並区の一部である。大正一四（一九二五）年に内田秀五郎村長を組合長として井荻村土地区画整理組合を設立し、昭和一〇年三月に早くも全町の区画整理を成し遂げた。地元の鎮守である井草八幡宮には井荻町土地区画整理碑（昭和一五年建立）があり、近くの善福寺公園には内田秀五郎の業績をたたえる昭和二八年建立の銅像と石碑が建てられている。

もう一つの荏原郡玉川村は、現在の世田谷区の四分の一を占める地域で、昭和七年に東京市に編入された。土地区画整理事業は大正八年の都市計画法に基づくもので、同法では明治四二（一九〇九）年の耕地整理法を準用して土地区画整理事業を施行する仕組みになっていた。このため、玉川全円耕地整理事業は、実質上、住宅地を念頭に置いた土地区画整理事業である。地元の玉川神社には事業が完成した昭和二九年に建立された記念碑が三つあり、そのうち「整地記念碑」に区画整理の経緯が記されている。大正一二年に村長の豊田正治が、東京市の発展に伴う隣郊田園地の人口増加は自然のなりゆきだとし、「郷土百年の大計を樹て、大東京都実現の機に対処する方途を講ずるの道を拓き、苟《いやしく》も将来の発展と福祉にその誤り無きを期すべし」ということで、玉川全円耕地整理の議を村会に諮った。しかしながら、当時村民の多くは純農遵守の家風が強く、「当時をおもえば正に暴挙に等しき」提案だった、と書かれている。さらに碑文には、道路などで民有地の負担は大きかったが、事業が完成した誇りと共益の福祉など、数えきれないほどの得るものがあったと述べられている。共益の福祉とは良好な住環境であり、もちろん地震危険度の低さも含まれるものと思われる。事業が始まった頃の玉川村の人口は八〇〇〇人あまりであったが、三〇年が経過した事業完成時には約一〇万人になっていた。

この他、玉川村に隣接する荏原郡駒沢町では、昭和五年から二六年にかけて、全町ではないが地元の地主の人々が自主的に土地区画整理を行った。さらに、世田谷区に隣接する目黒区自由が丘や緑が丘でも大正一四、一五年に旧碑衾《ひぶすま》村に耕地整理組合が設立され、昭和五年頃までに区画整理が実行された。また、杉並区に隣接する練馬区（昭和二二年以前は板橋区）でも、北豊島郡中新井村（昭和七年から板橋区中新井町と中村町）の全域でも、昭和七年の板橋区成立直後から戦後にかけて土地区画整理が実施された。

いずれの地域も現在は良好住宅地となっており、郊外一五区では震災後、先見の明ある地域の為政者や大地主がリーダーシップを発揮した場所に限って土地区画整理が進んだことがわかる。旧玉川村や旧駒沢町を含む世田谷区や旧井荻村を含む杉並区の全体の道路率が依然一四％前後であることからもわかるように、周辺地域との格差は歴然で、地震危険度だけでなく住宅地としての価値にも大きな差が生じている。

（3）始まりは高速道路による水辺破壊

イベント便乗型開発の問題

第4章で、帝都復興事業は公共性、国民的合意、首都としての品格形成の三点によって特徴づけられると結論した。そこでも述べたように、私は、防災には街を守ろうとする人々の総意が必要で、そのためには市民が誇りに思えるような街（守りたいと思えるような街）でなければならないと考えている。都市の品格や美観は誇りをはぐくむための重要な要素である。戦後復興の失敗から抜け出すために、東京オリンピックを起爆剤として起死回生を図り、経済成長のための効率化・高速化に舵を切った東京は、その後の高度経済成長期、バブルとその崩壊期、低成長期を通じて方向性を変えることはなかった。特に二〇〇〇年以降、後で述べるように、景気回復を目指して行われた行為が首都直下地震の脅威をさらに増幅させる新たな問題を生み出すことになる。その間東京は、戦争で失った首都としての品格を取り戻すことはなかった。効率性優先の出発点ともいうべき、首都高速道路による水辺破壊の経緯と実態をここでは取り上げる。

昭和通りが日本橋川を渡る江戸橋付近を南から撮影したのが図5－7である。帝都復興事業のなかで、中小河川の橋梁としては最も費用をかけて造られた江戸橋は、首都高速道路を上空すれすれに通すために中柱が切られ、三線の道路に覆われてその全景をみることすら難しい。そのうちの一本である1号上野線は、ここから奥に向かって昭和通りの上空を上野へと敷かれている。また都心環状線は日本橋川の上空を日本橋へ、6号向島線はすぐ隣の江戸橋ジャンクション（JCT）から箱崎川の埋め立て地を通って隅田川へと向かう。首都高速道路が織りなす東京でも最も醜い都市景観の一つである。

図5-7　昭和通り江戸橋付近

では、なぜこのようなことになってしまったのか。根本原因は先に述べた東京都の戦災復興事業の遅滞に外ならない。安井知事はことの深刻さに気付いたのか、昭和三〇（一九五五）年に三選を果たした頃の心境を「ここらで本腰を入れて本格的に首都の建設にとりかからなきゃいかんと考えた」と手記に綴っている。[11]

安井はさっそく、東京都市計画の立て直しの責任者として、当時、神奈川県土木部計画課長であった山田正男を建設局都市計画部長として招聘した。山田は内務省・建設省で都市計画に従事した石川栄耀の弟子の一人である。この人事の調整も石川が行ったが、石川はその直後、彼が描いた戦災復興事業を思うように実現できないままに六二年の生涯を閉じている。[14]

一方、山田は着任後、すぐに石川による戦災復興計画の見直しに着手、石川の計画を「絵にかいた餅」と評し、高度経済成長に伴う過密都市東京からの脱却のために交通網の立体化を打ち出した。その影響を最も強く受けたのは、帝都復興事業で代表的な街路として造られた昭和通りである。中央部にあった広幅員のグリーンベルトは、主要交差点の下を立体通過させる四車線分の増設によって撤去された。また、江戸橋から上野にかけては首都高速1号上野線に上空を占拠された。既存の道路上に高速道路が造られることは他の都市でもある。たとえば、名古屋市でも図5-5のように若宮大通の上には名古屋高速東山線が走っているが、橋脚が高くつくられ、グリーンベルトにはせせらぎもあって、路上ライブなどを行う空間も確保されている。これに対して、昭和通りでは先にあげた理由でグリーンベルトが撤去され、予算の都合か上空には通りに蓋をするかのように橋脚の低い高速道路が走っている。高速化の陰で、建設当初のアヴェニューとしての役割を失うどころか、歩道を歩くのさえ圧迫感を感じる状況となっている。

都市高速道路建設の構想はそれ以前からあった。首都建設法（昭和二五年成立）に基づいて昭和二八（一九五三）年に設置された建設省の外局である首都建設委員会による計画と、昭和三二年に山田が打ち出した東京都建設局案とを比べると、その特徴がよくわかる。[15] 表5-8で両者の概要を比べると、東京都建設局案では河川、街路、公有地（公園など）の利用が全体の約九〇％を占め、民有地はわずか一〇％余である。つまり、既存の公共空間を立体的に利用して高速道路を建設することによって、時間と金のかかる用地取得を極力なくす方策がとられたのである。なかでも河川や運河の利用がその半分近くを占めている。これによって道路建設の単価が低く抑えられ、ほぼ同じ事業費でより長い高速道路が、しかも短時間で経済的に建設できるというのである。このような河川利用が成立した背景には、当時の河川が下水道整備の遅れなどから水質汚濁が著しく、公害の発生場所となっていたという事情もある。都民が容易に河川の埋め立てや干拓を認めたのは、公害発生源の除去という意味合いもあった[15]。

	首都建設委員会案 1953（昭和28）	東京都建設局案 1957（昭和32）
総延長	49.0km	62.5km
総事業費	601億円	644億円
単価（/m）	147.8万円	103万円
土地利用 河川	9.1%	41.8%
土地利用 街路	7.7%	34.4%
土地利用 公有地	13.9%	12.9%
土地利用 民有地	70.2%	10.9%

表5-8　首都建設委員会案／東京都建設局案の比較
（堀江興「東京の高速道路計画の成立経緯」『土木計画学研究・論文集』No.13［1996］をもとに作成）

以上のような建設費削減策をとってなお、都市高速道路建設には多額の費用がかかる。その費用を調達する手段は、昭和三四年五月に決まった一九六四年東京五輪の開催であった。一般に平時においては行政や世間の理解不足から都市計画・都市改造に対する財源確保が難しく、そのため、ナショナルイベントを理由に財源を確保して事業を進めるというイベント便乗型開発は今でもよく行われているが、六四年東京五輪はまさにその原型を造ったのである。首都高速道路公団（現在の首都高速道路株式会社）が五輪開催決定の翌月に設立されたことはその象徴である。

日本橋に青空を

イベント便乗型は財源確保にはいいが、弊害もいろいろある。

当然、その計画はイベントの中味や開催に左右される。六四年東京五輪では羽田空港とメイン会場となった代々木を短時間で結ぶ必要があり、このために1号羽田線と都心環状線が真っ先に造られた。イベント便乗型では多くの場合、短期間で、しかも決まった費用で事業を進めなければならない。このため往々にして長期的ビジョンに立った慎重な検討がされない場合が多く、未来に禍根を残すこともしばしばである。

たとえば、江戸のシンボルである日本橋では、あまりに上を通る都心環状線の高架橋が低く、青銅製の二頭の麒麟を配した照明灯の上半分は高架橋上下線間の函桁に挟み込まれんばかりで、その先端は高速高架橋の側壁よりも高く飛び出している。東京都の道路管理部補修課（現在の保全課）に在籍していた矢島富廣は、「首都高の計画担当者からは歴史ある名橋・日本橋に対する配慮はまったく感じられなかった」「何故日本の道路の原点であり、また先人が造られた此の名橋・日本橋が、後設の高速道路の建設によって、此の全景までもが損なわれなければならないのか。大いに疑念に持ち、計画担当者と激しく意見を交換したことを忘れることができない」と当時を述懐している。[16]さらに担当者は、高架橋をより高くすれば建設費が高くなるとか工期が延びる等の理由で計画案の変更に応じる意思はまったくなかったとも述べている。名橋・日本橋でもこのありさまである。江戸橋で中柱が切られ、高速道路の高架橋に押しつぶされそうになっているのもうなずける。

現在の河川法に基づく工作物設置許可基準では、河川に沿った上空に道路を設置することは基本的に認められていない。昭和四八年発行の『河川管理施設構造令（案）』の準則である『工作物設置許可基準（案）第2章工作物設置許可細則』のうち第21条第1項では、「地形の状況等を考慮して、やむを得ないと認められる場合以外には、河川の区域内に河川に沿って高架構造の鉄道、道路等を設けてはならない」と書かれている。その解説には、日本橋川を覆う首都高速道路を名指しして以下のように述べられている。[17]

条文にいう「地形の状況等を考慮して……」とは、高架道路を設けるに適当な街路等は他にないか、ない場合でも区画整理事業や都市再開発の手法を講じて高架道路等を設ける空間を生み出すべきではないか等を十分検討した上で、最後の手段として考えるべき方法であり、たとえ河川敷地の上空のみの占用であっても安易に考えるべきものではないという意味である。既成過密地帯でやむをえずこのような利用を認めた実績は東京等にあることは事実である。

ここで念のために言及するが、わが国における都市高速高架道路建設の初期、すなわち東京オリンピック直前の頃の首都高速道路のなかには、ズバリ河中に支柱を設けて河川を縦断的に利用して実現した区間も現存する。もちろん、河川管理者は反対であったわけであるが、破壊して、失ってみて、初めて河川が確保していた空間の貴重さに気づいた都市住民の反省に基づく世論を背景に、今や再びあのあやまちをくり返してはならない。これ以上河川が確保してくれている空間をつぶしてはならないという信念のもとに、現在では第1項のような取扱いをしている。東京の古くからのシンボルゾーンの1つであった〝お江戸日本橋〟の現状を見れば、だれしもこれでいいのだと思う人はいないのではなかろうか。

六四年東京五輪からわずか一〇年足らずしか経っていない時期の法律の解説に、日本橋川の上空に不用意に高速道路を造ったことへの反省が書かれているとは驚きである。裏を返せば、これがイベント便乗型開発の恐ろしさなのである。それからさらに五〇年近くが経った令和二（二〇二〇）年、江戸橋JCTから神田橋JCTまでの区間の高速道路の地下化がやっと決まった。二〇三五年までに地下トンネルが開通し、四〇年までに現高架橋が撤去されて日本橋に青空が取り戻せるとのことである。それでも神田橋から先は計画すらない。果たしてこれでいいのだろうか。確かに山田正男による案は安くて、実効性に富んでいた。一方、山田が「絵にかいた餅」と揶揄した石川による戦災復興計画や首都建設委員会の高速道路建設案は、土地区画整理をやることを前提とした案であった。しかし失ったものの大きさを考えた時、是が非でも石川案で進むべきだったと私は思っている。

高速道路に取って変わられた水辺は他にもある。図5－9に主に中央区（旧日本橋区と旧京橋区）とその周辺部の河川と高速道路の関係を示す。実線は河川上空を高速道路が占有通過、破線は干拓による河床通過、二重線は河川埋め立ての地下通過、点線は埋め立て上の高架通過、灰色（濃いめ）実線は道路、河川敷、公園など河川以外の上空通過である（薄めの灰色実線は河川）。

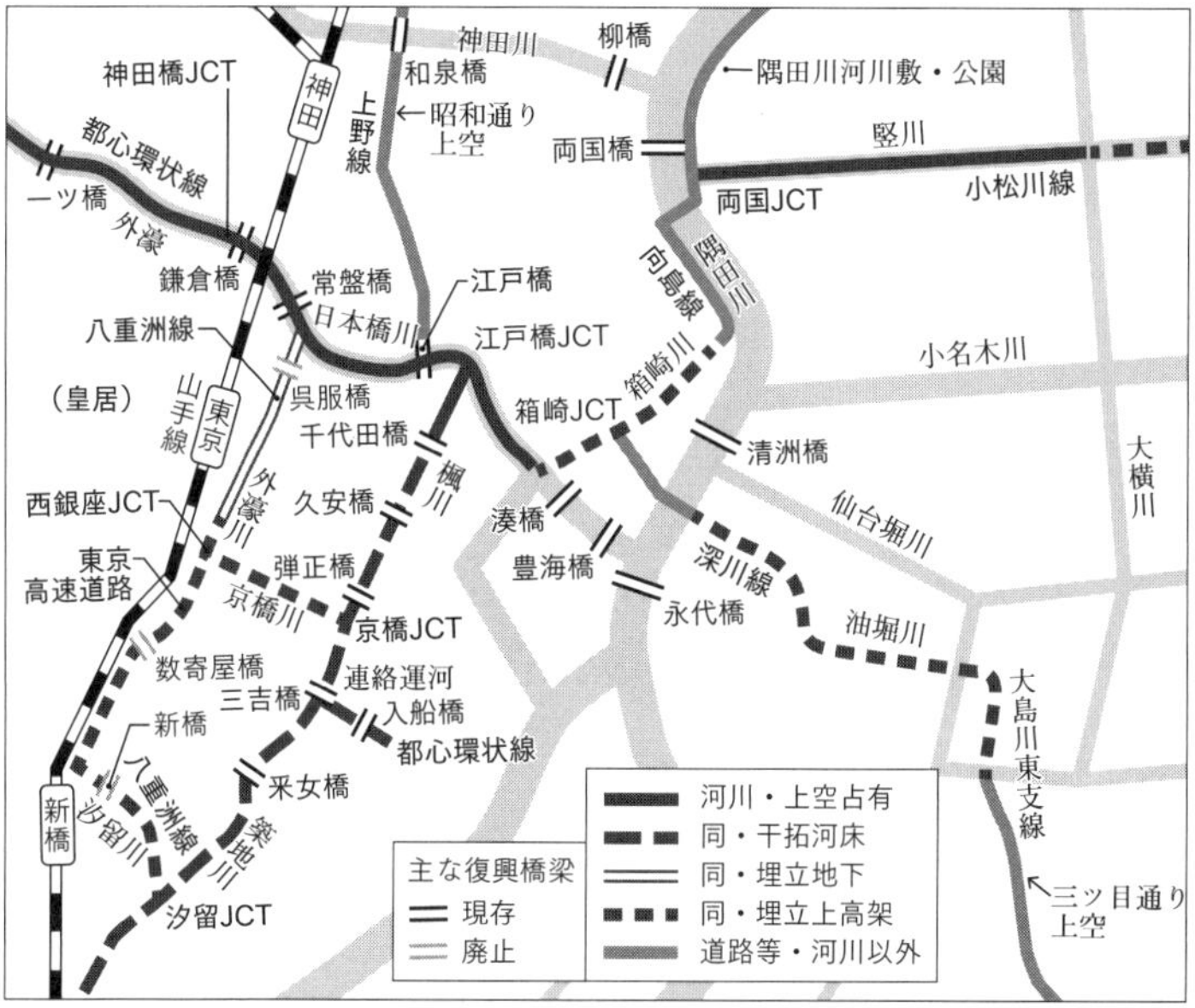

図5-9　中央区（旧日本橋区と旧京橋区）とその周辺部の河川と高速道路

外濠川を埋めた東京高速道路

図5－9をみてもわかるように、日本橋川の外濠部分から分かれた外濠川は、東京駅の八重洲口の前を通り、新橋付近で汐留川につながっていた。現在、東京駅の八重洲口を出ると、ここに江戸城の外濠があったとは想像できないが、外濠川は昭和三四（一九五九）年までに呉服橋付近を若干残して埋め立てられ、消滅した。一方、接続する汐留川も埋め立てられ、その後、東京高速道路の用地となって、昭和三八年には最下流部の浜離宮庭園西縁および南縁の約九〇〇メートルを残すのみとなって現在に至っている。

その間の橋は多くが震災復興期の昭和五年頃までに架けられたもので、河川の埋め立てとともにすべてが撤去された。

現在、埋め立て部分はすべてが高速道路の通り道となっている。旧外濠川鍛冶橋付近の西銀座JCTまでは昭和四八年開通の首都高速八重洲線が地下を走り、それより先は京橋JCT方面からの東京高速道路が上を走っている。

第4章で説明した新幸橋も、昭和二一年には木橋から鉄製に架け替えられたが、昭和二八年に撤去された。現在、交差点名として呉服橋、鍛冶橋、有楽橋、数寄屋橋などが残り、汐留川に架かっていた中央通りの新橋(大正一四年竣工)は、右岸下流側の親柱が東京高速道路下に残されている。また、数寄屋橋交差点のすぐわきにある復旧小公園である数寄屋橋公園の前には、数寄屋橋の碑(昭和三四年建立)が立っている。昭和二七年にラジオドラマ「君の名は」の舞台となったのが数寄屋橋で、その脚本を手掛けた菊田一夫の筆「数寄屋橋此処にありき」が正面を飾っている。

東京高速道路は、首都高速都心環状線の京橋JCT〜汐留JCT間(新橋〜汐留間は八重洲線)を結び、銀座の街の外周を西から囲むように造られた道路である。京橋川、外濠川、汐留川を埋め立てて造られた。

この道路は首都高速道路より長い歴史をもち、昭和二六年に財界人二三人が、戦後の銀座の復興と飽和点に達した自動車交通量の緩和を目的として東京高速道路㈱を設立したのが始まりである。建設費と運営費をビル賃貸収益で回収するという運営の仕組みを導入して生まれたもので、ほぼ全線で高速道路の下がテナントビルとなっている。このようなビルの上に高速道路を引くという発想は石川栄耀によるもので、吉見俊哉は晩年の石川の変節と評している[14]。戦後復興失敗後の一九五〇年代の東京の交通事情はそれほど逼迫していたということかもしれない。東京高速道路の全線開通は昭和四一年である。

図5-10　昭和8年頃の数寄屋橋付近（『大東京冩眞案内』［昭和8年］掲載写真に加筆。写真提供：中央区立京橋図書館）

図5-10は震災復興がほぼ完了した昭和八年頃の数寄屋橋付近を空から見た写真である。外濠川の橋梁の他に、前出の泰明小学校、数寄屋橋公園、さらには完成直後の日劇など数寄屋橋付近の整然とした様子がよくわかる。図には戦後、外濠川を埋め立てて造られる東京高速道路の位置も示している。

楓川・築地川を干上がらせた都心環状線

かつて楓川は、中央区のど真ん中を日本橋川から京橋川にかけて引かれていた水路であった。六四年東京五輪を前に川は埋め立てられ、首都高速都心環状線が造られた。横切る主な道路は日本橋川の方から順に、永代通り、八重洲通り、鍛冶橋通りで、それぞれ千代田橋、久安橋、弾正橋が対応する（図5-9）。日本橋川から永代通りまでの区間の高速道路は高架で、その間に架かっていた震災復興時の橋は撤去されたが、永代通りの千代田橋は、橋台が半分埋まった状況で現存している。永代通りを過ぎると都心環状線は干拓された旧河床を走るようになり、八重洲通りの久安橋は干拓河床を走る高速道路に架かる橋となっている。

その後、鍛冶橋通りを過ぎたところの京橋JCTで旧京橋川沿いを高架で走る東京高速道路に接続するために、河床と高架の両方を使う構造となり、弾正橋は上と下を高速道路に挟まれた橋となっている、橋のたもとにある由緒碑には「昭和三九年の東京オリンピックの時に弾正橋の両側に公園が造成され、平成五（一九九三）年二月に公園と一体化された、くつろぎのある橋として再整備された」と書かれているが、上下を高速道路に挟まれた状況ではくつろぎどころではない。

一方、築地川は聖路加病院の南側（明石堀）で隅田川から分流し、さらに西側に回り込んで入船橋を通過し、中央区役所付近から現在の都心環状線を通り、浜離宮恩賜庭園の東側を通って再び隅田川に合流する河川であった（図5-9）。現在、川として残っている築地川は浜離宮のまわりだけである。帝都復興事業によって、昭和五（一九三〇）年に楓川が弾正橋南で京橋川と合流する地点付近から築地川の三吉橋付近までを連絡する楓川・築地川連絡運河が掘られた。ところが昭和三五年頃には、都心環状線の建設ですべての川は干拓でほぼなくなり、現在は旧楓川、旧連絡運河（弾正橋南から三吉橋）、三吉橋より下流部の旧築地川の河床のすべてが都心環状線の通り道となっている。なお、三吉橋から入船橋までの河床も都心環状線の新富町出口への道路となっている。このように築地川は川としてはほとんど残っていないが、震災復興橋梁は、上流部から、暁橋、入船橋、三吉橋、亀井橋、祝橋、万年橋、采女橋、千代橋など現在でも健在である。図5－11は采女橋である。このように、帝都復興事業の遺産は、破壊された水辺で今でも市民の生活を支え続けている。

図5-11　旧築地川の河床を通る都心環状線の采女橋付近

首都高速道路が建設された時代、確かに川は汚れ、経済成長のために役立つ高速道路にした方がましだと考えられたのかもしれない。しかしながら、現地へ行けばよくわかるが、高速道路下の空間は薄暗く、せいぜい物置か駐輪場にするしかない。また高速道路が走る旧水路は排気ガスですすけ、いずれの空間も騒音が酷く、近寄るのもおぞましい状況である。このような構造物が首都の中心部を分断していて本当にいいのだろうか。

日本橋上の高速道路を地下化しようという動きは、このような状況を改善しようとする市民の声から生まれたものであるが、これに合わせて、この地域の高速道路全体を再編する動きも持ち上がっている。[18]要点を述べると、まず、都心環状線の経路を変更するため、八重洲線を、地下で京橋ＪＣＴ付近と繋げる新京橋連結路を造る。それに伴って東京高速道路を廃止し、それを歩行者の散策路など公共空間として再生させる。さらに、河床を走る都心環状線の築地川区間に蓋をして地下化し、上部空間を再利用するというものである。期間は日本橋上の地下化と同様、二〇三五～四〇年が目標とのことである。一度造ったものの改変は新規に作るより数倍手間暇がかかる。「工作物設置許可基準（案）」[17]の解説がいうように、失ってみて初めて河川が確保していた空間の貴重さに気づいても、なかなかもとに戻すことは難しいのである。

かけがえのない公共空間を今後どのように取り戻していくのか。今回の高速道路再編の動きが、その第一歩であることを願わずにはいられないが、このような経済成長を第一とする考えは、今でもなくなったわけではない。経済の低成長が続く二〇〇〇年以降、むしろ強まったという印象さえもつ。

適切な社会は効率性と公平性のバランスによって成り立つと私は考えている。そのバランスを保つために必要なものが「公共」である。経済成長を目指すあまり効率性が優先されると「公共」は縮小し、「私」が拡大する。吉見俊哉は首都高速道路による水辺の破壊を例に、「戦後とは際限なく〝私〟が増殖し、拡張してゆく時代であった」と述べている。[14]行き過ぎた効率性は競争を激化させ、「利他」を衰退させ「利己」が勝る社会を作り出す。関東大震災の時にも行われ、防災上も重要とされる共助は「利他」の精神にもとづくもので、「利己」が勝る社会ではなかなか実現しにくいのではないかと危惧する。

近年、景気が低迷するなかでいまだに続く成長への固執は、帝都復興事業のおかげで地震危険度が比較的低いとされる都心部においてさえ、首都直下地震を前に次に述べるような新たな防災上の問題を生みだすことになった。その幕開けが高速道路による水辺破壊であったのである。

(4) 関東大震災から一〇〇年目の東京

建築基準法の制定と超高層ビルの建設

本書を終えるに当たり、関東大震災の発生から一〇〇年目を迎える東京が直面する新たな問題について述べ、最後に今までの議論を総括するとともに東京のこれからについて考える。

ここまであまり触れてこなかったが、地震対策の基本はやはり建物の耐震・耐火性の確保である。また、大火災を引き起こす原因に建物の耐震性の欠如が深くかかわっていることを考えれば、そのなかでも建物の耐震化が最も重要な要素であるといえる。すべての建物を耐震化するためには、耐震基準を定めた強制力のある法律が必要である。

わが国での本格的な耐震基準の導入も、関東大震災をきっかけに行われた。木造建築に対しては一足早く大正九(一九二〇)年に公布された市街地建築物法の施行規則のなかで耐震基準が定められていたが、大幅に強化改訂されたのは震災の翌年のことである。その際、同時に鉄筋コンクリートなどの近代建築についても耐震基準が設けられた。せっかく帝都復興事業で街づくりが行われても、そこに建つ建物が耐震的でなければ意味がないからである。この基準は佐野利器が定めたもので、関東大震災における被害の状況や調査結果から推定された揺れの強さを踏まえたものとなっていた。

耐震基準は当初、六大都市が主な適用対象であったが、戦時中の緩和・停止を経て、戦後の昭和二五（一九五〇）年の建築基準法制定で、関東大震災後のものと同等の基準が全国すべての建物に適用されることになる。一方、建物高さに関しては、当初から一〇〇尺制限（約三〇・三メートル）が設けられ、昭和二七年の建設省告示では、高さ一六メートル以上の建物では上層階ほど揺れが大きくなる現象を考慮し、高さに応じて地震力を増やす規定も設けられた。一〇〇尺制限は、関東大震災によって上部が折れてしまった浅草一二階（高さ約五二メートル）のような、劣悪な建物を造らせないという配慮もあったと思われる。

この一〇〇尺制限は、技術の進歩に伴って昭和三八年に撤廃された。その際、高さ四五メートル（その後の改正で六〇メートル）を超える高層ビル（超高層ビルと呼ばれることが多い）は、建設大臣が基準法第三八条に基づいて個別に認定を行うことで建設が可能となった。一般構造物を対象とした建築基準法もそれから幾度か改訂され、その効果によって、たとえば平成七（一九九五）年の阪神・淡路大震災の際には、同じ震度7の揺れに対しても、建築基準法ができた昭和二五年当初に比べて木造の全潰率は三分の一にまで減少したといわれている。[19]

このように、個々の建物の耐震性は多くの人々の努力によって向上してきたが、それだけで地震危険度を下げるには限界がある。そのことは、「地震に関する地域危険度測定調査」からも明らかである。[13] 個々の建物が耐震的でもそれらが密集し、満足な道路や公園などの空き地がなければ、地震の際の危険度は高まるのである。第3章で紹介した東京市長の永田秀次郎の演説にも、「道を歩まんとすれば道幅が狭くて身動きもならぬ混雑で実に有らゆる困難に出遇った」とあるとおりである。

このことは、一般構造物だけでなく超高層ビルにもいえる。日本で初めての本格的な超高層ビルは昭和四三年に竣工した高さ一四七メートル、地上三六階の霞が関ビル（千代田区霞が関三丁目）である。超高層ビルを建設する場合には、一般に容積率制限が問題となる。容積率とは敷地面積に対する建物の各階の床面積の合計（延べ面積）の割合のことで、制限を設けるのは必要以上に人口が集中することを避けるためである。超高層ビルが建ち並ぶニューヨークのマンハッタンのように、セントラルパークのような巨大なオープンスペースを設け、整然と並ぶ幅広の道路を配すればまだしも、日本のように今までどおりの街に超高層ビルを建てる場合、容積率は環境面からも防災面からも非常に重要な規制ということになる。

霞が関ビルをはじめ、一九七〇年代から八〇年代にかけて建てられた初期の超高層ビルは、都市計画法による特定街区という制度によって容積率が一〇〇〇%内外に緩和されて建てられたものが多い。一方、一九九〇年代初頭のバブル崩壊後、日本は低成長時代に突入し、都市再生による産業活性化や景気回復など、経済成長を目指すための政策誘導型の試みが目立つようになる。東京都でも平成一三年に当時の石原都知事が「首都圏メガロポリス構想」を打ち出して首都移転を否定し、集積と集中による首都再生を目指すとした。[20]これを反映して東京における高さ六〇メートルを超える超高層ビルは急増、平成一二〜三〇年の一九年間で八一八棟建てられ、全体の六五％以上を占めるまでになっている。[21]これを支えたのが容積率の緩和策で、平成二五年の国家戦略特区まで一一もの緩和制度が次々に設けられてきた。中には「空中権」と呼ばれる未利用の容積率を同じ地区内の他のビルに売り渡すことができる「特例容積率適用区域」(平成一六)の制度まで用意されるようになった。

耐震性だけで危険度を決めてはいけない超高層ビル

平成一二(二〇〇〇)年以降に建てられた超高層ビルを用途別に床面積でみると、事務所が五〇％、住宅が四〇％で、残りが店舗やホテルである。[21]地域別では千代田区には事務所が多く、中央区や港区には事務所と住宅、江東区には住宅が多い。そのうち平成二二年以降では、平成一四年制定の都市再生特別措置法に基づき指定された都市再生特別地区や、(特定)都市再生緊急整備地域で超高層ビルの建設が続いている。たとえばＪＲ東京駅周辺の大手町・丸の内・有楽町地区では、容積率が二〇〇〇％近くにもなるビルが立錐の余地もないほど林立し、昭和四〇〜五〇年代にできた新宿西口の超高層ビル街のような開放感は感じられない。このため、東京の表玄関である赤レンガの東京駅から皇居にかけての景観もすっかり変貌してしまった。

その影響は、駅の乗降客数にも顕著に現れている。表5-12はリーマンショックに端を発した世界金融危機が収まった平成二三年と、コロナウィルス感染症の蔓延が始まる前の平成三一年における、JR東日本の主要駅での一日の平均乗降客数の比較と増加の割合である。[22]渋谷駅は再開発前の平成三一年時点では周辺に超高層ビルが少なく、また私鉄や地下鉄などとの乗り入れが進んだために乗降客が減少している。これに対し、周辺で超高層ビルの建設が急速に進む東京、新橋、品川で増加割合が高く、特に大手町・丸の内・有楽町地区を抱える東京駅の増加が著しいことがわかる。このため、いったん地震が発生するや、多くのサラリーマンが帰宅困難者となることが新たな防災上の問題となっている。

駅名	区	平成23(2011)	平成31(2019)	増加数	割合(%)
新宿	新宿区	1,473,430	1,578,732	105,302	7.15
池袋	豊島区	1,088,444	1,133,988	45,544	4.18
東京	千代田区	763,408	934,330	170,922	22.39
品川	港区	643,422	766,884	123,462	19.19
渋谷	渋谷区	806,554	741,712	-64,842	-8.04
新橋	港区	489,832	563,942	74,110	15.13

表5-12　平成23年／31年の主要駅での1日の平均乗客数の比較（統計情報リサーチ「交通に関する統計」https://statresearch.jp/traffic/index.htmlをもとに作成）

さらに、超高層ビルの林立は、膨大な数のエレベータの存在を意味する。近年、大きな揺れが来る前に最寄り階にエレベータを停止させるP波感知器付地震時管制運転装置などの対策も講じられてはいるが、揺れ始めてすぐに大きな揺れとなる直下地震でどの程度の効果が期待できるかなどの未知なる点を考えれば、大地震で一定割合の閉じ込め事故が発生することは避けられない。交通事情も見通せない震災時に、大量の要救出者を助けに行ける人がどれほどいるのかも問題である。狭いエレベータ内に何日も閉じ込められれば命を落とす危険性さえある。さらに不測の事態に備えた消防体制はと考えれば、事態は一層深刻なものにならざるをえない。先に述べたように、地震危険度では高層ビルについて倒壊確率がゼロと仮定されているだけで、大量の帰宅困難者の発生やエレベータによる閉じ込めの危険性は考慮されていない。これらを考慮すれば、千代田区、中央区の東京駅周辺における、たとえば災害時活動困難度係数は増大し、地震危険度が低い地域とはいえなくなる可能性もある。以上が、都心部の容積率緩和による超高層ビル林立に伴う新たな問題である。

一方、東京湾岸地区に目を向けると、江東区の豊洲や有明、中央区の晴海や月島など、洋上埋め立て地に次々とタワーマンションと呼ばれる超高層住宅が建てられている。タワーマンションの建設数は、平成九年の都市計画法及び建築基準法の改正で高層住居誘導地区が創設され、容積率規制が緩和されて以来、次第に増え始めた。さらに上記の埋め立て地は、特定都市再生緊急整備地域にも指定され、二〇一〇年以降、急速にその数を増やし続けている。その背景には、容積率規制の緩和が不動産のディベロッパーにとっては事業費に占める土地購入費の割合をぐんと少なくするという意味で、いわば錬金術となっていることをあげることができる。

住宅建設数の増加は景気を上向かせる効果があるとされるが、一方で行き過ぎた建設は、地震防災上、大きな問題をはらんでいる。安全のために地震の強い揺れに対してエレベータを停止させる必要があり、上層階の住民の移動手段は必ず失われる。過度な人口集中のために避難所が足りるわけもなく、多くの住民はマンションに留まって、階段を使っての過酷な生活を余儀なくされる。さらに大きな問題として、埋め立て地では液状化によって地盤の不同沈下などが起きる可能性が高く、それによって水道などのライフラインが途絶することも考えなければならない。また橋梁などの破損によって交通が遮断されると、たちまち域外からの救援も届きにくくなる。このためエレベータの閉じ込めで命を落とす人や火災など不測の事態への対応も困難になるかもしれない。

つまり地震時、タワーマンションが林立する埋め立て地は「高層難民」を抱えて孤立する恐れがある。上記埋め立て地のうち、月島は一〇〇年前の関東大震災時にすでに存在していた。当時、築地方面からの勝鬨橋はまだなく、深川方面から相生橋が架かるのみであった。震災で相生橋が焼失し、再架橋される大正一五（一九二六）年まで三年二ヵ月にわたって月島は孤島と化した。月島に林立するタワーマンションの住民のほとんどはおそらくこのことを知らないであろう。

一方、平成二三年の東日本大震災の際に、震源から五〇〇キロも離れた大阪府の咲洲《さきしま》庁舎（五五階建）が大きく揺れて被害を出し、海溝型巨大地震による長周期地震動と超高層ビルの共振が注目されるようになった。関東大震災を引き起こした関東地震や、近未来に発生が予想されている南海トラフの地震は、いずれも海溝型巨大地震である。最近、超高層ビルには制震工法や免震工法が採用されているが、いずれも完璧な技術ではない。巨大地震に遭遇した経験が少ないことなどを考え合わせると、海溝型巨大地震が発生した場合に予想以上に大きく揺れる可能性は否定できない。その場合、テレビや家具などの固定がなされていないと多くのけが人が発生することも考えられ、先に指摘した孤立の問題はさらに深刻さを増すことになる。

このような懸念を尻目に、湾岸埋め立て地のタワーマンション建設を促進したのが令和三（二〇二一）年に開催された東京五輪である。今回の東京五輪も前回同様イベント便乗型開発に利用された。開発が計画されたのは湾岸地域で、それに刺激されてタワーマンションの建設ラッシュが起こったともいえる。また、五輪の選手村となった晴海の南西部では、宿泊施設として造った二二棟の高層建物の他に、五〇階建のタワーマンション二棟や商業施設、学校などが建設される予定である。

顧みれば、六四年東京五輪を前に東京のインフラ整備が一挙に進められた。その頃から開発が始まった郊外のニュータウンは今、建物の老朽化や住民の高齢化などで放棄されつつある。地震防災上の問題もさることながら、湾岸のタワーマンション開発が将来の世代に何を残すことになるのか、イベント便乗型開発とは正反対の冷静な別の視点も必要であるように思う。同様のことは、都心に続々と建設されている超高層の事務所ビルにもいえることで、令和元年から始まった新型コロナウィルスの蔓延を機にリモート勤務が増え、空きビル問題が現実化しつつある。東京の街に、廃墟となった超高層ビルの林立を目の当たりにすることだけは御免こうむりたいものである。

到達目標が見えない戦後の東京

ここまで、東京が首都直下地震に怯えなければならない原因を生み出したと思われる問題について考えてきた。列挙すると、海抜ゼロメートル地帯、郊外の木造密集地域、首都高速道路による環境破壊、容積率緩和による超高層ビルの林立、湾岸埋め立て地での大量のタワーマンション建設などである。これらの問題のほとんどは、第二次世界大戦後にもたらされたものである。

東京の戦後を顧みてまず感じるのは、目指すべき街の姿が一向に見えないということである。石川栄耀が目指した「東京戦災復興計画」を机上の空論とか絵にかいた餅として抹殺するのはいいが、そこに残されたのは高速化と目先の利益を追求した乱開発だけだった。その背景には、戦後の日本人が共通にもつ、戦争の反省にたって西洋に負けない自由と豊かさを追求するという漠とした目標があっただけである。豊かさの指標は経済成長であり、成長し続けなければ維持できないといわれる現代の資本主義社会に東京は完全に飲み込まれてしまった。戦後、理想の二〇〇万都市を実現させた名古屋市とは対照的である。そのような路線を進める上での財源確保にとって、東京五輪はまさに千載一隅のチャンスと見えたに違いない。しかしながら、便乗によって生み出された負の遺産に、東京はこれからも悩まされ続けることになる。

東京はいつまでたっても、スクラップ&ビルドが続く街である。経済と技術が進展すれば、人は幸せになれるという根拠なき虚構が支配する街でもある。その過程で、都市基盤や厳格な土地利用制限などは二の次で、防災のみならず都市文化の基盤をなすべき公的空間や機能は次々と破壊されてきた。このような現在の状況を吉見俊哉は「東京復興ならず」と評している[14]。

一方、関東大震災後の復興は、先に指摘したように街の耐震・耐火性実現を前提に、公共性、国民的合意形成、首都としての品格形成の三点によって特徴づけられていた。吉見は東京の誤った「復興」は関東大震災から始まったとしているが、一方で、東京が未来に向けてめざすべき姿を問われると、「猛スピードで回転を上げて、拡大してゆくのではなく、都市の生活の速度を遅らせるのです。より愉しく、しなやかに、末永く循環する都市を目指す。巨大再開発は必要ありません」、具体的には「首都高速道路をとっぱらい、水辺を呼び戻し、路面電車を復活させ」、未来の方向を逆にすべきだと述べている（『朝日新聞』二〇二一年八月三日）。私には、帝都復興事業が完成した昭和の初めの美しい東京に戻せといっているように思えてならない。

今こそ関東大震災の復興に学べ

私は、長年東京で暮らしてきた。江戸の文化は好きでも、経済成長を第一に、街を金儲けの道具として利用してきた現在の東京に、日本の首都としての誇りを感じたことは一度もない。

明治維新以降に富国強兵をかかげ、西洋に追いつけ追い越せと進む中、東京はみせかけの近代化はしたものの、根本的な都市改造を置き去りにした結果、人口集中に追いつけないままに関東大震災を迎えてしまった。確かに第一次世界大戦の後、これからは太平洋の時代だといわれるほどに国力は増大した。そしてその後の戦後不況の最中に関東大震災が発生した。富国強兵ならぬ富国強経で経済成長至上主義に翻弄されてきた現在の東京に首都直下地震が起こるのと二重写しになってしまう。

関東大震災当時八三歳で経済界の長老であった渋沢栄一は、社会の効率性だけでなく公平性を重視する実業家で、震災後に周囲の心配をよそに東奔西走、大震災善後会による実業家からの寄付金集めや財団法人協調会による災害弱者に対する救済事業などを行った。協調会はもともと労使の階級的融和をはかるために政府の補助と資本家の寄付によって設立された民間団体で、渋沢は一貫して資本家と労働者を対等の人格として認識することを主張した。このような渋沢は同時に、天譴論まで持ち出して、明治維新後の急速な近代化のなかで、世の中には私利私欲がはびこり、「清く、正しく、美しく」や道徳といった「日本人の心」を軽視した社会となっていると当時の日本社会を批判し、特に第一次大戦後の成金天下を容認したことに対して猛省を促そうとした[23]。

現在の社会でも、たとえば、容積率緩和による超高層ビルの建設で儲ける者がいる一方で、そこで働く人々の増加で、日常的に過酷な通勤を強いられ、一たび地震が起これば帰宅困難者となり、運が悪ければエレベータ内に閉じこめられて命を落とす危険性さえある市民が大量にいる。成長を第一とする為政者や資本家は、このような不公平をどこまで認識しているのだろうか。震災が起こる前に、東京を安全安心で文化的な街へ大転換させるために、ぜひ街の在り方を皆で真剣に議論する必要がある。

その際、科学技術の使い方もよく考える必要がある。従来、新しい発見の価値や経済的な価値の創出に重点が置かれ、それによって東京が今のような姿となったことは否めない。これからは、社会的・公共的な価値の創出、特に安全・安心の確保や心の豊かさへの貢献に重点を置くべきである。たとえば、現在研究が進むスマートシティについても、バラ色の未来都市を描くだけでなく、現実の東京が抱える負の遺産をどのように解消してゆくかも考えるべきである。渋沢栄一が帝都復興事業の際に述べたように、現実は「白紙の上に図を引くようにはいかないのである」。一方で、成果を実現させる際には、利点だけでなく、問題点も十分踏まえ、決して負の遺産とならないよう配慮することも忘れてはならない。現在の東京にとって、これ以上負の遺産を増やさないようにすることは最低限必要な防災対策である。

長期的視野に立ち、公共性優先で、ロンドンやパリにも負けない誇りある首都東京の建設を目指したのが帝都復興事業である。街は市民に対し平等に利益をもたらすものでなければならない。そのような街にこそ市民の連帯意識が生まれ、共助のこころもはぐくまれて、為政者も市民も一帯となって防災に取りくむ社会が実現するのではないかと私は思う。今こそ、関東大震災の帝都復興事業に学ぶべき時である。

引用文献

1 深川区史編纂会（一九二六）『深川区史』上巻、全816頁
2 藤原咲平（一九二六）『雲を摑む話』岩波書店、全366頁
3 遠藤毅・川島眞一・川合将文（二〇〇一）「東京下町低地における〝ゼロメートル地帯〟展開と沈静化の歴史」『応用地質』第42巻、第2号、74-87頁
4 和達清夫（一九七一）『青い太陽』東京美術、全305頁
5 岸一太（一九二五）『東京の工学的地質研究』東京市政調査会、全34頁
6 今村明恒（一九三一）「昭和三年五月二十一日東京強震當時と其以前とに現れたる地塊運動に就いて——

7　東京市街地を縦貫せる活断層」『地震』第3巻、第3号、1－14頁
8　宇佐美龍夫・石井寿・今村隆正・武村雅之・松浦律子（二〇一三）『日本被害地震総覧599－2012』東京大学出版会、全694頁
9　土屋信行（二〇一二）「東京東部低地（ゼロメートル地帯）の形成と洪水発生の不確実性に関する研究」『水利科学』第328号、11－34頁
10　草野郁（一九八九）「関東地震における東京低地の液状化履歴」『土木学会論文集』第406号／Ⅲ－11、213－222頁
11　越沢明（一九九一）『東京都市計画物語』日本経済評論社、全292頁
12　安井誠一郎（一九六一）『東京私記』都政人協会、全230頁
13　名古屋都市センター（一九九九）『名古屋市都市計画史』、全636頁
14　東京都都市整備局ホームページ（https://www.toshiseibi.metro.tokyo.lg.jp/bosai/chousa_6/home.htm）
15　吉見俊哉（二〇二一）『東京復興ならず――文化首都構想の挫折と戦後日本』中公新書、全302頁
16　堀江興（一九九六）「東京の高速道路計画の成立経緯」『土木計画学研究・論文集』第13号、1－22頁
17　石原成幸・高橋忠勝（二〇一五）「日本橋川における首都高速道路の上空占用に至る経緯」『平成27年都土木技術支援・人材育成センター年報』91－98頁
18　綱田照美（一九七三）「Ⅱ編　工作物設置許可基準（案）の解説」『解説・河川管理施設等構造令（案）』山海堂、137－188頁
19　東京都・首都高速道路㈱（二〇二二）『東京都市計画道路都市高速道路第1号線等の変更（素案）』、全4頁
20　諸井孝文・武村雅之（一九九九）「1995年兵庫県南部地震による気象庁震度と住家全壊率の関係」『地震』第2輯、第52巻、11－24頁
東京都（二〇〇一）『首都圏メガロポリス構想』、全23頁

21 山下洋平・日比野直彦（二〇二二）「容積率規制緩和に伴う超高層ビル建設が鉄道需要に与える影響」『土木学会論文集D3（土木計画学）』第78巻、第6号、142－158頁
22 統計情報リサーチ（交通に関する統計）https://statresearch.jp/traffic/index.html
23 小貫修一郎・高橋重治（一九二七）『青淵回顧録』下巻、青淵回顧録刊行会、興文堂書院、全768頁

あとがき

本書を書き終えて、一〇〇年前の関東大震災のことをさまざまな角度から紹介できたと思っている。一方で、現代東京が抱える防災上の問題についての具体的解決策に欠ける無力さも感じている。

私は、東日本大震災の翌年、平成二四（二〇一二）年から、名古屋大学減災連携研究センターで研究生活を送ることになった。それまでの約三〇年間は大手ゼネコンの鹿島に勤めていた。その間のほとんどの時期、八王子市の自宅から都心のオフィスへ二時間近くをかけて通勤していた。東京に居る時は、それが当たり前だと思っていたが、名古屋に来て街の住みやすさに触れると、もう二度とあんな生活は送りたくないと思うようになった。

本文でも指摘したように、名古屋は街の広がりも適切で、区画整理が徹底して行われた結果、主要道路には植栽を備えた中央分離帯があり、一歩生活空間に入ると生活道路が完備し、表通りには街路樹を備えた歩道がある。このため新緑の季節などどこへ行ってもすがすがしい街の景観に癒される。観光の目玉がないなどとよくいわれるが、街を金儲けの道具にしてはいけないという立場からすれば、それもまた市民が快適に暮らせる街の条件の一つかもしれない。帝都復興事業の理想が名古屋で実現されたのではないかと思うのは、一〇年間の名古屋生活での私の実感からである。

私が鹿島に入社して一〇年ほど経った頃、フランスから一人の若者が、設計の勉強かなにかで都心にあった我々のオフィスに来た。気位の高そうな雰囲気の若者で、初対面の私に突然、「どのようなモチベーションがあってあなたは毎日会社に来ているのか」と尋ねてきた。どう答えたかはよく覚えていないが、エレベータのなかでどぎまぎしたことと、「なんて生意気な奴だ」と思ったことは今でも記憶に残っている。

それから二〇年以上たって、名古屋で生活するうちに、彼の質問の意味がやっとわかったような気がした。あなたは、毎日毎日片道二時間、往復四時間の時間を費やして、満員電車に耐えながら会社に来ているが、それだけ人生の時間を無駄にしてでも会社に来る動機は一体何なのかという素朴な疑問だったのではないか。私はフランスに行ったことはないが、たぶんフランス人ならそんな馬鹿な真似はしないといいたかったのかもしれない。

本書で超高層ビルの林立の問題を述べた際に、毎日過酷な通勤を強いられる市民の苦痛についても触れたが、そのような状況を甘受する市民も、東京の街づくりの片棒を担ぐ加害者なのではないか。同時にそんなことも考えた。そんなに嫌なら職を変えればいい、どのような環境で働くかは個人の自由なのだからという人もいそうである。ただこれについては一言ある。確かに会社務めは一見社員が自由に選んでいるようであるが、それは多くの場合間違いである。もし会社を辞めれば、次の日からどうやって家族を養っていくかという問題が、多かれ少なかれ降りかかってくる。職業選択の自由は保障されていても、市民が会社に隷属しなければならない仕組みも現代社会には備わっているのである。

では、悪いのはだれか。為政者か。本書でも戦後の東京の街づくりの方向性を決めた安井知事やそれをさらに進めたように見える石原知事の名前を出したが、私は決して彼らの責任を問うているわけではない。なぜなら、彼らは市民から選ばれた歴とした公選知事なのだから。多くの市民が彼らの政策を支持したという事実も忘れてはならない。

私の思考はここで止まったままである。冒頭、本書の無力さを披歴した理由はそこにある。ただ一つ、私がいえることは、戦後は利益を上げる人の陰で、不利益を被る人々がいることには時として目をつむり、全体として経済が成長すればするほどすべての人々が幸せになれると信じて街づくりが行われてきたということである。

最近になって、本書でも取り上げた日本橋付近の高速道路の地下化やそれに伴う東京高速道路の歩道化など、今までとは違った動きも一部でみられる。また東京都は、令和四（二〇二二）年五月に首都直下地震による被害想定を見直した。そのなかで、木造住宅密集地域の不燃化や延焼遮断帯となる道路整備などにより、住宅の喪失数や死者数が減少したと指摘している。その一方で、都民の防災分野に対する都政への期待値は低下傾向にあるという。今こそ、日本人が誇りに思える首都とはどのような街なのか、議論を始めるべきである。効率化や高速化で競うのではなく、地方都市も含めて多様な文化を育む街を目指すべきではないだろうか。街を護ろうという市民の意識が芽生えてこその防災である。関東大震災から一〇〇年目を、これからの東京を考える元年とできればよいと思う。

その際にぜひ思い出してほしいのは、遠隔地での救済や慰霊活動も含め、当時の日本人のどこまでも人間の尊厳を護ろうとする心の優しさであり、さらには同潤会アパートなどにみる復興をリードした人々のセンスの良さと先見性である。そして私が最も現在と異なると思うのは、当時の為政者が、土地区画整理など市民に相当な苦労を強いることでも、将来国民のために必要であると思うことは、信念をもって正々堂々と国民を説得し、政策を推し進めたことである。

最後に、本書を刊行するにあたり、中央公論新社プロジェクト編集部の高橋真理子さんには、本書の方向性や構成、拙い文章の手直しまで、大変なご苦労をおかけした。心より感謝したい。

令和五（二〇二三）年

武村雅之

主要文献

（1）武村雅之（二〇〇三）『関東大震災——大東京圏の揺れを知る』鹿島出版会、全139頁
（2）武村雅之（二〇〇五）『手記で読む関東大震災』古今書院、全190頁
（3）武村雅之（二〇〇八）『天災日記——鹿島龍蔵と関東大震災』鹿島出版会、全302頁
（4）武村雅之（二〇〇八）『地震と防災——〝揺れ〟の解明から耐震設計まで』中公新書1961、全236頁
（5）武村雅之（二〇〇九）『未曾有の大災害と地震学——関東大震災』古今書院、全209頁
（6）武村雅之（二〇一二）『関東大震災を歩く——現代に生きる災害の記憶』吉川弘文館、全328頁
（7）武村雅之（二〇一八）『減災と復興——明治村が語る関東大震災』風媒社、全213頁
（8）武村雅之（二〇一九）『東京都における関東大震災の慰霊碑・記念碑・遺構』その1　墨田区・江東区、名古屋大学減災連携研究センター、全162頁
（9）武村雅之（二〇二〇）『東京都における関東大震災の慰霊碑・記念碑・遺構』その2　台東区・荒川区・中央区・港区・千代田区・文京区、名古屋大学減災連携研究センター、全232頁
（10）武村雅之（二〇二一）『東京都における関東大震災の慰霊碑・記念碑・遺構』その3　郊外各区と移転寺院、名古屋大学減災連携研究センター、全214頁
（11）武村雅之（一九九八）「1923年関東地震の本震・余震の強震動に関する最近の研究：強震記録・住家被害・体験談の解析」『東京大学地震研究所彙報』第73号、125－149頁
（12）武村雅之（一九九九）「1923年関東地震の本震直後の2つの大規模余震——強震動と震源位置」『地

学雑誌』第108号、440－457頁
(13) 諸井孝文・武村雅之（二〇〇二）「関東地震（1923年9月1日）による木造住家被害データの整理と震度分布の推定」『日本地震工学会論文集』第2巻、第3号、35－71頁
(14) 諸井孝文・武村雅之（二〇〇四）「関東地震（1923年9月1日）による被害要因別死者数の推定」『日本地震工学会論文集』第4巻、第4号、21－45頁
(15) 武村雅之（二〇一一）「『震災予防調査会報告』第100号の今日的意義」『年報首都圏史研究』創刊号、55－76頁
(16) 武村雅之（二〇二一）「1923年関東大震災における復興初期段階の被災者動向——東京市の公設バラックは市内残留家屋喪失者の何割を収容できたか？」『中部「歴史地震」研究年報』第9号、49－60頁
(17) 内閣府中央防災会議・災害教訓の継承に関する専門調査会（二〇〇六）『1923 関東大震災報告書（第1編）』、全242頁
(18) 内閣府（防災担当）（二〇一三）『1703元禄地震報告書』全286頁

	町丁目	建立年	慰霊対象者など
	横網２丁目	昭和５年	震災犠牲市民約58000名
	横網２丁目	昭和５年	震災犠牲小学生約5000名
	横網２丁目	昭和５年	震災犠牲者一般
	横網２丁目	大正14年	震災犠牲石原町民7200名
	横網２丁目	昭和48年	流言等による在日朝鮮人犠牲者6000名
	横網１丁目	昭和３年	震災犠牲者一般
	両国２丁目	明暦３年	無縁者（全災害）
	両国２丁目	震災直後	理髪業関連犠牲者90有余名
	横川４丁目	昭和８年	殉職警察官34名
	横川４丁目	大正13年	殉職警察官15名
	横川１丁目	昭和９年	横川橋畔犠牲者3600有余名
	本所４丁目	昭和６年	横川町等町民震災犠牲者
	石原４丁目	昭和33年	震災・戦災犠牲者33名
	吾妻橋１丁目	昭和41年	震災・戦災犠牲者
	向島２丁目	大正13年	震災で非業の死、俳人富田木歩
	堤通２丁目	大正13年	震災犠牲者一般
	墨田５丁目	昭和２年	鐘紡震災殉職工員10名
	八広６丁目	平成21年	荒川土手の朝鮮人犠牲者
	平野２丁目	大正14年	震災犠牲市民約3000名
	平野２丁目	昭和47年	震災犠牲者50回忌供養
	白河２丁目	大正14年	東大工町町民犠牲者など154名
	扇橋１丁目	震災直後	扇橋付近の震災犠牲者
	永代２丁目	昭和５年	大島町の震災犠牲者82名
	富岡１丁目	大正14年	木場での震災犠牲者49名
	東陽３丁目	昭和10年	震災犠牲者13回忌供養
	亀戸４丁目	昭和55年	亀戸事件犠牲者10名
	浅草２丁目	大正13年	花やしきで殺処分された鳥獣
	千束３丁目	大正15年	新吉原での震災犠牲者約600名
	千束３丁目	昭和７年	同上
	千束３丁目	昭和15年	同上

東京都23区の自然災害慰霊碑一覧

No	所在区	慰霊碑（慰霊堂含む）	所在地名
大正12（1923）年関東大震災			
1	墨田区	東京都慰霊堂	横網町公園
2	墨田区	震災遭難児弔魂像	横網町公園
3	墨田区	幽冥鐘	横網町公園
4	墨田区	石原町遭難者碑	横網町公園
5	墨田区	朝鮮人犠牲者追悼碑	横網町公園
6	墨田区	慈光院	慈光院（浄土真宗）
7	墨田区	万人塚	回向院（浄土宗）
8	墨田区	大震災横死者の墓	回向院（浄土宗）
9	墨田区	相生警察署員殉職の碑	本所警察署
10	墨田区	原庭警察署員殉職の碑	本所警察署
11	墨田区	遭難者追悼碑	横川橋東詰
12	墨田区	大震火災遭難者追悼の碑	能勢妙見山別院（日蓮宗）
13	墨田区	墨田電話局慰霊碑	NTT 墨田電話局
14	墨田区	あずま地蔵尊	吾妻橋東詰
15	墨田区	富田木歩追悼句碑	三囲神社
16	墨田区	横死者追悼の碑	木母寺（天台宗）
17	墨田区	震災記念観世音菩薩像	カネボウ公園
18	墨田区	韓国・朝鮮人追悼碑	荒川土手
19	江東区	蔵魄塔	浄心寺（日蓮宗）
20	江東区	関東大震災殃死者慰霊塔	浄心寺（日蓮宗）
21	江東区	大震災殃死者紀念碑	宜雲寺（臨済宗）
22	江東区	扇橋地蔵尊（震災）	清州橋通り南
23	江東区	殃死者霊追悼供養塔	越中島橋畔
24	江東区	震災供養地蔵菩薩像	永代寺（真言宗）
25	江東区	大震災横死者供養塔	沢海橋東詰（永代通り）
26	江東区	亀戸事件犠牲者の碑	浄心寺（浄土宗）
27	台東区	鳥獣供養碑	花やしき
28	台東区	吉原観音像	新吉原花園池跡
29	台東区	十周年記念月桂樹碑	新吉原花園池跡
30	台東区	十七回忌追善碑	新吉原花園池跡

	町丁目	建立年	慰霊対象者など
	千東3丁目	平成15年	同上
	千東3丁目	平成25年	同上
	千東3丁目	昭和28年以降	同上（30周年以降10年ごと）
	上野公園	平成17年	震災・戦災犠牲者一般
	上野桜木2丁目	大正13年	刷毛・刷子業関連犠牲者
	南千住2丁目	昭和4年	新吉原での安政・関東大震災犠牲者合葬
	東尾久3丁目	大正12年	震災犠牲者一般
	東尾久6丁目	大正13年	震災遭難者一周忌供養
	日本橋茅場町3丁目	大正13年	亀島橋河岸付近震災犠牲者
	月島4丁目	震災後	月島橋付近震災溺死犠牲者
	西麻布2丁目	大正12年	小児震災犠牲者百ヵ日供養
	向丘2丁目	昭和16年	滋賀県人震災犠牲者300名
	羽田6丁目	昭和60年	震災・戦災犠牲者漂着遺体
	本羽田3丁目	大正13年	震災無縁犠牲者（漂着遺体？）
	本羽田3丁目	大正13年	鈴木新田震災犠牲者
	西六郷2丁目	昭和4年	震災犠牲者7回忌供養
	池上1丁目	震災後	震災犠牲者一般
	池上1丁目	大正12年	社員などの震災犠牲者15名
	大森中2丁目	昭和4年	大森海岸への犠牲者漂着遺体
	南大井2丁目	昭和10年	大井海岸への犠牲者漂着遺体37体
	南品川5丁目	昭和4年	震災犠牲者7回忌供養（漂着遺体？）
	南品川4丁目	昭和7年	品川海岸への犠牲者漂着遺体数十体
	西五反田4丁目	大正14年	震災犠牲者一般
	豪徳寺2丁目	昭和2年	震災犠牲者一般（彦根出身者？）
	北烏山2丁目	昭和3年	震災犠牲者一般（寺院移転記念）
	松ノ木3丁目	昭和6年	震災で亡くなった山椒魚（ペット）
	西早稲田2丁目	大正13年	震災犠牲者一周忌供養
	錦1丁目	大正13年	上毛モスリン練馬工場震災殉職者9名
	巣鴨3丁目	大正13年	震災犠牲者一般
	滝野川4丁目	大正12年	震災犠牲者一般
	千住1丁目	大正13年	震災犠牲者一般
	栗原3丁目	大正13年	東京紡績西新井工場震災殉職者44名
	東金町2丁目	大正13年	弓友震災犠牲者6名

No	所在区	慰霊碑（慰霊堂含む）	所在地名
31	台東区	関東大震災八十周年碑	新吉原花園池跡
32	台東区	関東大震災九十周年碑	新吉原花園池跡
33	台東区	その他周年供養碑（木造）	新吉原花園池跡
34	台東区	時忘れじの塔	上野恩賜公園
35	台東区	同業者殉難碑（七千番地蔵）	浄名院（天台宗）
36	荒川区	新吉原総霊塔	浄閑寺（浄土宗）
37	荒川区	子育地蔵	満光寺（浄土宗）
38	荒川区	大震災一周年記念碑	大門子育地蔵尊
39	中央区	大震火災遭難者追悼碑	新亀島橋西詰
40	中央区	大震火災横死追悼の塔	月島橋東詰
41	港区	少年死者供養塔	長谷寺（曹洞宗）
42	文京区	供養塔	光源寺（浄土宗）
43	大田区	無縁仏堂	五十間鼻
44	大田区	大震災無縁塔	長照寺（日蓮宗）
45	大田区	大震災殃死者供養塔	長照寺（日蓮宗）
46	大田区	大震火災群霊供養塔	安養寺（真言宗）
47	大田区	本所立正講供養塔	池上本門寺（日蓮宗）
48	大田区	エス・アイザック商会供養塔	池上本門寺（日蓮宗）
49	大田区	大震災供養塔	大林寺（日蓮宗）
50	品川区	震災殃死者供養塔	鈴ヶ森刑場遺跡
51	品川区	大震災横死者供養塔	海晏寺（曹洞宗）
52	品川区	震災横死者供養塔	海蔵寺（時宗）
53	品川区	大震災横死者供養塔	行元寺（天台宗）
54	世田谷区	震災供養塔	豪徳寺（曹洞宗）
55	世田谷区	法界万霊塔	常福寺（法華宗）
56	杉並区	山椒魚之墓（令和２年頃撤去）	円福寺別院（日蓮宗）
57	新宿区	大震火災死亡群霊塔	放生寺（真言宗）
58	練馬区	大震災横死者吊魂碑	円明院（真言宗）
59	豊島区	大震火災遭難者供養塔	真性寺（真言宗）
60	北区	震災惨死者慰霊碑	寿徳寺（真言宗）
61	足立区	大震災殃死者霊碑	不動院（真言宗）
62	足立区	従業員慰霊碑（昭和47年撤去）	満願寺（真言宗）
63	葛飾区	震災殃死者追悼碑	東江寺（天台宗）

	町丁目	建立年	慰霊対象者など
	堀切3丁目	昭和4年	震災で消火殉職した6代目の供養
	堀切3丁目	昭和4年	震災で亡くなった息子・娘計3名の7回忌
	東小松川3丁目	大正13年	近在の震災犠牲者
	両国2丁目	天明5年	犠牲者3回忌供養
	両国2丁目	寛政元年	犠牲者7回忌供養
	柴又5丁目	天明3年	江戸川での漂着遺体
	東小岩2丁目	寛政7年	江戸川での漂着遺体13回忌供養
	南品川4丁目	宝永5年	飢饉犠牲者の215人塚合葬
	北烏山4丁目	天保14年	飢饉犠牲者568名の7回忌供養
	千住2丁目	天保11年	飢饉犠牲者828名の3年忌供養
	もある）		
	両国2丁目	安政3年	圧死・焼死者数万名
	両国2丁目	慶応2年	震災犠牲者13回忌供養
	両国2丁目	安政4年	安政江戸台風の犠牲者も含む
	太平1丁目	文政・安政	文政大火の慰霊碑に追刻
	墨田5丁目	慶応3年	震災犠牲者13回忌供養
	竜泉1丁目	（不明）	新吉原での震災犠牲者685名
	後楽1丁目	昭和17年	水戸徳川家の藤田東湖の遭難記念
	高野台3丁目	安政4年	明治3年浅草区蔵前から移設
	堀切3丁目	安政3年	大正15年本所区番場町から寺移転
	南品川4丁目	慶応元年	安政江戸台風による品川海岸での高潮犠牲者
	南砂2丁目	大正7年	砂村新田元〆新地の高潮犠牲者
	北砂4丁目	（不明）	砂村新田高潮犠牲者147名

No	所在区	慰霊碑（慰霊堂含む）	所在地名
64	葛飾区	六代目武蔵屋金蔵の碑	妙源寺（日蓮宗）
65	葛飾区	大震災殉死者慰霊碑	妙源寺（日蓮宗）
66	江戸川区	石造十一面観音像	善照寺（真言宗）
天明3（1783）年浅間山噴火			
1	墨田区	信州上州地変横死之諸霊魂等供養碑	回向院（浄土宗）
2	墨田区	信州浅間嶽嶺大火震死者供養碑	回向院（浄土宗）
3	葛飾区	川流溺死者供養碑	題経寺墓地（日蓮宗）
4	江戸川区	浅間山焼け供養碑	善養寺（真言宗）
天保4－8（1833-37）年飢饉			
1	品川区	無縁合葬塚	海蔵寺（時宗）
2	世田谷区	天保飢饉供養塔	多聞院（真言宗）
3	足立区	天保飢饉供養塔	金蔵寺（真言宗）
安政2（1855）年江戸地震（関東大震災№36新吉原総霊塔は安政江戸地震の慰霊碑で			
1	墨田区	圧死者供養塔	回向院（浄土宗）
2	墨田区	地震焼亡横死諸群霊塔	回向院（浄土宗）
3	墨田区	六地蔵	回向院（浄土宗）
4	墨田区	横死者精霊供養碑	法恩寺（日蓮宗）
5	墨田区	十三回忌供養塔	多聞寺（真言宗）
6	台東区	新吉原慰霊碑	大音寺（浄土宗）
7	文京区	藤田東湖先生護母致命之處の碑	小石川後楽園
8	練馬区	大施餓鬼塔（江戸幕府による）	長命寺（真言宗）
9	葛飾区	石造題目塔（歌舞伎の森田勘彌妻による）	妙源寺（日蓮宗）
安政3（1856）年江戸台風（安政江戸地震No.3六地蔵は江戸台風の慰霊碑でもある）			
1	品川区	津波溺死者供養塔	海蔵寺（時宗）
大正6（1917）年台風高潮			
1	江東区	砂村波除地蔵尊	南砂2丁目町会会館
2	江東区	海嘯横死者供養塔	持宝院（真言宗）

武村雅之

名古屋大学減災連携研究センター特任教授。1952年生まれ。東北大学大学院理学研究科博士課程修了（理学博士）。鹿島建設を経て現職。日本地震学会、日本建築学会、土木学会、日本活断層学会の理事、監事、委員、歴史地震研究会会長、日本地震工学会副会長、中央防災会議専門委員などを務める。2007年に日本地震学会論文賞、12年に日本地震工学会功績賞、13年に日本建築学会著作賞、17年に文部科学大臣賞（科学技術部門）を受賞。専門は地震学、地震工学。主な著書に『関東大震災を歩く』（吉川弘文館、2012）、『地震と防災』（中公新書、2008）など。

関東大震災《かんとうだいしんさい》がつくった東京《とうきょう》
——首都直下地震《しゅとちょっかじしん》へどう備《そな》えるか

〈中公選書 137〉

著　者　武《たけ》村《むら》雅《まさ》之《ゆき》

2023年５月10日　初版発行

発行者　安 部 順 一

発行所　中央公論新社
〒100-8152　東京都千代田区大手町 1-7-1
電話　03-5299-1730（販売）
03-5299-1740（編集）
URL https://www.chuko.co.jp/

ＤＴＰ　市川真樹子
印刷・製本　大日本印刷

Published by CHUOKORON-SHINSHA, INC.
Printed in Japan　ISBN978-4-12-110138-9 C1321
定価はカバーに表示してあります。

中公選書　好評既刊

103
新版　戦時下の経済学者
――経済学と総力戦
牧野邦昭著

二つの世界大戦という総力戦の時代、経済学者たちの主張や行動はどのような役割を果たし、戦後体制へどんな影響を与えたか。第32回石橋湛山賞受賞作に最新の研究成果を加筆。

112
非国民な女たち
――戦時下のパーマとモンペ
飯田未希著

「石を投げられてもパーマをかけたい」。戦時期に非難の的となりながらパーマが大流行したのはなぜか。統制と流行と近代化の狭間で大きな社会問題となった女性たちの「お洒落」とは。

114
和　算――江戸の数学文化
小川　束著

江戸時代、数学は日本独自の高度な発展を見せた。関孝和や建部賢弘の業績は多岐にわたり、庶民の間でも広く楽しみとして定着した。最新の研究に基づき、豊かな数学文化を繙く決定版。

135
山本五十六
――アメリカの敵となった男
相澤　淳著

日米開戦の積極論者か、悲劇の英米協調派か。航空戦力への先見の明、山本の転機となったロンドン軍縮会議、そして対米認識の変遷に着目し、最も著名な連合艦隊司令長官の実像を描く。